Robert Charles Sproul
Bibelstudium für Einsteiger

AF285513

R. C. **Sproul**

Bibelstudium
für
Einsteiger

betanien

8. Auflage 2024

Originaltitel: Knowing Scripture
Erstausgabe © 1977 by InterVarsity Christian Fellowship/USA®
Überarbeitete Ausgabe © 2008 by R. C. Sproul

© der deutschen Übersetzung 2009 by
Betanien Verlag e.K.
Imkerweg 38 · 32832 Augustdorf
www.betanien.de · info@betanien.de
Übersetzung: Susanne Roth, Hüttenberg
Lektorat: Hans-Werner Deppe, Oerlinghausen
Umschlag und Satz: Betanien Verlag
Coverfoto: olly | fotolia.de
Herstellung: Druckhaus Nord, Neustadt a. d. Aisch

ISBN 978-3-935558-89-1

Inhalt

Hinweise zum Gebrauch

Der bekannte Theologe R. C. Sproul hat über sechzig Bücher geschrieben. Das vorliegende Buch wird zu seinen besten und wichtigsten Publikationen gezählt. Sproul ist einer der Väter der »Chicago Erklärung zur Irrtumslosigkeit der Bibel« und lehnt als solcher jegliche Bibelkritik entschieden ab. Daher ist er eine Kapazität in Sachen bibeltreues Schriftverständnis. Es ist erfreulich, dass dieses Buch nun endlich auf Deutsch vorliegt und eine bedeutende Lücke schließt.

Die Bibel, das Wort Gottes, ist das unverzichtbare Lebenselixier für jeden Christen und jede Gemeinde, so wie Wasser für gesunde Bäume unverzichtbar ist: Wer »seine Lust hat am Gesetz des Herrn und darüber nachsinnt Tag und Nacht … der ist wie ein Baum, gepflanzt an Wasserbächen, der seine Frucht bringt zu seiner Zeit und dessen Laub nicht verwelkt. Alles was er tut, gelingt ihm« (Ps 1,2-3). Mehr Geistesfülle bekommen wir nicht durch weniger Lehre, wie oft behauptet wird, sondern durch Erfülltsein mit dem Wort Gottes. Die Bibel ist aber kein Kultgegenstand zur Vermittlung religiöser Gefühle und im Gegensatz zum mythischen Elixier kein Zaubermittel, sondern sie muss richtig *verstanden* werden: »Bei dem auf die gute Erde gesät ist, dieser ist es, der das Wort hört und *versteht*« (Mt 13,23).

Dieses Buch ist eine äußerst nützliche Einführung in das richtige Verstehen der Bibel. Sowohl junge wie reifere Christen, absolute Anfänger wie langjährige Gemeindemitarbeiter, finden hier die Motivation, theoretische Grundlage und praktische Hilfe, die Bibel ausdauernd und gewinnbringend zu studieren und zu verstehen.

Auch wenn man die Bibel bloß gründlich liest, ohne systematische Studiennotizen anzufertigen, bietet dieses Buch eine grundlegende Verstehenshilfe. Es will keine konkrete Schritt-für-Schritt-Methode des Bibelstudiums vorstellen (siehe dazu S. 134), sondern vielmehr das nötige Rüstzeug liefern, insbesondere eine gesunde Hermeneutik vermitteln (Lehre vom richtigen Verstehen der Bibel, Kapitel 3) und die praktischen Konsequenzen daraus aufzeigen (Kapitel 4).

Am Ende von Kapitel 6 (Seite 132) findet man einen Leseplan für einen verkürzten Durchgang durch die Bibel. Wer die Bibel noch nicht ganz gelesen hat, kann diesen Plan z. B. parallel zur Lektüre dieses Buches durchgehen und auch die dazugehörige Aufgabe im Fragenteil lösen.

Den Anhang »Fragen zur Lernkontrolle und Vertiefung« haben wir als deutsche Herausgeber hinzugefügt, um der Vergesslichkeit des flüchtigen Lesens entgegenzuwirken und das Buch noch besser als Lehr- und Begleitmaterial in Bibelgruppen, Jugendkreisen, Zweierschaften usw. und auch zum Selbststudium einsetzen zu können.

Obwohl der Titel die Zielgruppe »für Einsteiger« nennt, erscheint das Buch streckenweise recht anspruchsvoll. Vereinzelt kommen Fremdwörter oder lateinische Ausdrücke vor, aber zur Wahrung der Allgemeinverständlichkeit werden diese erklärt bzw. übersetzt. Das Lernen der Fachbegriffe zum Gebiet der Bibelauslegung ist lohnend, schließlich sollen wir Gott lieben auch mit unserem »ganzen Verstand« (Mt 22,37). Eine oberflächliche, erlebnisfixierte Religiosität und ein biblischer Analphabetismus gehören zu den schlimmsten Bedrohungen für die Christenheit. Möge dieses Buch dazu beitragen, dass die Gemeinden geistlich gestärkt werden durch eine tiefe Kenntnis und ein gesundes Verständnis der Heiligen Schrift.

Hans-Werner Deppe

Vorwort

Die letzten Jahrzehnte waren geprägt von einem neu erwachenden Interesse an der Bibel. Es kam zu einer Rückbesinnung auf die rechtgläubige Theologie und dadurch wurden Christen zum ernsthaften Studieren der biblischen Lehre motiviert. Und so bemühte sich die aktuelle Generation auch im Gemeindealltag mehr um ein rechtes Verstehen und Anwenden der Schrift. Dieses neu geweckte Interesse ging allerdings mit einiger Verwirrung einher, da sich Theologen uneins waren, was die elementaren Auslegungsregeln betrifft. Diese Unstimmigkeiten unter den Gelehrten hatten Auswirkungen auf die ganze Gemeinde. Wir leben anscheinend in einem Zeitalter der »Wiederentdeckung des Laientheologen«. Das hat auch mit dem vermehrten Aufkommen von Hauskreisen und Bibelstunden in kleinen Gruppen zu tun. Christen treffen sich, um die Schrift selbst auszulegen und zu diskutieren. Häufig kommt es dabei zu Meinungsverschiedenheiten darüber, was ein Bibeltext letztlich aussagt oder wie er anzuwenden ist. Das hatte bedauerliche Folgen.

Für viele bleibt die Bibel ein Buch mit sieben Siegeln, das die unterschiedlichsten Interpretationen erlaubt. Manche verzweifeln an ihren Versuchen, die Bibel zu verstehen. Andere meinen, die Bibel sei flexibel wie eine Knetgummifigur, die je nach Belieben des Lesers geformt werden kann. Zu oft kommt man zu dem Schluss: »Mit Bibelzitaten kann man *alles* belegen.«

Gibt es einen Weg aus diesem Wirrwarr heraus? Gibt es Grundregeln (eine so genannte *Hermeneutik*), die ernsthafte Bibelleser anwenden können und die die gegensätzlichen Standpunkte, die sie von allen Seiten hören, auflösen? Hierauf möchte dieses Buch eine Antwort geben.

Obwohl viele der Themen dieses Buches auch wissenschaft-

lich-theologisch behandelt werden können, soll hier kein Beitrag
zur akademischen Debatte über die Wissenschaft der Hermeneutik geleistet werden. Vielmehr möchte ich grundlegende und einfache Richtlinien vermitteln, die dem Leser helfen, die Heilige
Schrift mit Gewinn zu studieren. In Übereinstimmung mit dem,
was die Bibel über sich selbst sagt, möchte dieses Buch hervorhe-
ben, dass Ursprung und Autorität der Bibel von Gott stammen.
Deshalb habe ich mich bemüht, solche Auslegungsregeln aufzuzeigen, die Abhilfe schaffen, was unsere allzu menschliche Neigung betrifft, an die Bibel auf Grundlage unserer Vorurteile und
Vorannahmen heranzugehen. Das soll hinterfragt und korrigiert
werden. Am Ende des Buches findet sich eine Aufzählung einiger
Hilfsmittel, auf die sowohl Anfänger als auch erfahrene Bibelleser und -studenten zurückgreifen können.

Ich wünsche mir vor allem, dass dieses Buch eine praktische
Hilfe für Nichttheologen darstellt. Meine große Hoffnung ist,
dass Christen weiter und vertieft die Bibel studieren und dadurch
zur Erbauung der Gemeinde beitragen. Möge dieses Buch dazu
ermutigen, darin mit Freude und Verständnis auszuharren.

Vielen schulde ich Dank, die mir bei diesem Buchprojekt ge-
holfen haben. Besonders erwähnen möchte ich Prof. David Wells,
dessen Rat für mich von unschätzbarem Wert bei der Endredak-
tion des Manuskriptes gewesen ist.

R. C. Sproul

—1—

Bibelstudium – warum?

Warum sollten wir die Bibel studieren? Vielleicht scheint diese Frage seltsam und überflüssig, da du dieses Buch wahrscheinlich gar nicht lesen würdest, wenn du nicht schon davon überzeugt wärst, dass Bibelstudium unerlässlich ist. Aber selbst unsere besten Vorsätze werden oft von unseren Launen und unserer Inkonsequenz durchkreuzt. Häufig fällt das Bibelstudium einfach unter den Tisch. Bevor wir also auf die praktischen Hilfestellungen zum Bibelstudium eingehen, wollen wir uns einige der wichtigsten Gründe dafür anschauen, warum wir die Bibel *studieren* sollten.

Zwei falsche Mythen

Zunächst wollen wir einige Argumente untersuchen, die dafür angeführt werden, dass man die Bibel nicht studiert. Diese »Argumente« basieren oft auf Mythen, die oft wiederholt und deshalb geradezu als allgemeingültig angesehen werden. Das Gerücht, das in unserer Sammlung von Entschuldigungen an erster Stelle steht, ist die Behauptung, die Bibel sei für den Durchschnittsmenschen zu schwer zu verstehen.

Der erste Mythos: Die Bibel ist schwer zu verstehen

Dieser Mythos besagt, die Bibel sei so schwer zu verstehen, dass nur besonders befähigte Theologen nach abgeschlossenem Studium mit der Schrift umgehen können.

Dieser Mythos ist schon oft von aufrichtigen Menschen wiederholt worden. Sie sagen:»Ich weiß, dass ich die Bibel nicht studieren kann, denn immer wenn ich versuche sie zu lesen, verstehe ich nichts.« Manche von diesen Leuten wollen vielleicht hören: »Das ist schon in Ordnung. Ich sehe das ein. Es ist wirklich ein schwer verständliches Buch, und wenn du keine Bibelschule besucht hast, solltest du dich vielleicht besser nicht damit beschäftigen.« Oder vielleicht wollen sie hören: »Ich weiß, es ist zu schwierig, zu tiefgründig und zu anspruchsvoll. Dein unermüdlicher Einsatz und dein eifriges Bemühen, die geheimnisvollen Rätsel des Wortes Gottes zu ergründen, sprechen für dich. Leider hat Gott für seine Botschaft an uns eine so rätselhafte und unergründliche Sprache gewählt, dass nur Gelehrte sie verstehen.« Ich fürchte, genau das wollen viele von uns hören. Wir fühlen uns schuldig und wollen unser Gewissen beruhigen, das beunruhigt ist, weil wir unsere Christenpflicht vernachlässigt haben.

Wenn wir diesen Mythos als Entschuldigung nennen, tun wir das mit erstaunlicher Oberflächlichkeit. Dieser Mythos wird so oft wiederholt, dass wir meinen, er könne gar nicht in Frage gestellt werden. Doch eigentlich wissen wir: Als mündige Menschen der abendländischen Kultur mit guter Schulbildung können wir die grundlegende Botschaft der Bibel ohne weiteres gut verstehen.

Wenn wir die Zeitung lesen können, können wir auch die Bibel lesen. Tatsächlich würde ich sogar so weit gehen zu behaupten, dass auf der Titelseite einer Zeitung schwierigere Worte und Themen stehen als auf den meisten Seiten der Bibel.

Der zweite Mythos: Die Bibel ist langweilig

Wenn jemand diesen ersten Mythos nennt und wir bitten ihn, uns näher zu erläutern, was er damit meint, dann antwortet er gewöhnlich:»Nun, ich denke, ich könnte es schon verstehen. Aber ehrlich gesagt, langweilt mich dieses Buch zu Tode.« Diese Aussage verdeutlicht nicht so sehr eine Unfähigkeit, das Gelesene zu verstehen, sondern zeigt vielmehr, dass man sich lieber für das interessiert, was man lesenswert und spannend findet.

Die Langeweile, die manche beim Bibellesen empfinden, begegnete mir vor einiger Zeit, als ich beauftragt wurde, in einem christlichen College Pflichtkurse über die Bibel zu unterrichten.

Der Leiter der Einrichtung rief mich an und sagte:»Wir brauchen einen jungen und begeisterten Mann mit dynamischen Methoden, der die Bibel lebendig machen kann.« Ich musste mich dazu zwingen, mir die Antwort zu verkneifen. Ich wollte sagen: »Sie wollen, dass ich die Bibel zum Leben erwecke? Ich wusste noch gar nicht, dass sie gestorben ist. Um ehrlich zu sein, wusste ich nicht einmal, dass sie krank war. Wer war der behandelnde Arzt, als die Bibel starb?« Nein, ich kann die Bibel für niemanden lebendig machen. Sie ist schon lebendig. Sie hat mich ins Leben gerufen.

Wenn Leute sagen, die Bibel sei langweilig, dann frage ich mich: Warum? Biblische Charaktere sind voller Leben. Ihnen ist eine einzigartige Leidenschaft zu eigen. Ihre Biografien offenbaren Dramatik, Pathos, Lust, kriminelle Energie, Hingabe und jeden erdenklichen Aspekt des menschlichen Seins. Da finden wir Tadel, Reue, Buße, Trost, praktische Weisheit, philosophische Betrachtungen und vor allem Wahrheit. Vielleicht empfinden manche die Bibellektüre als langweilig, weil die Ereignisse in weit zurückliegender Vergangenheit geschahen und deshalb befremdend erscheinen. Was hat Abraham, der vor so langer Zeit und so weit weg lebte, mit uns zu tun? Aber die Figuren der biblischen Geschichte sind real. Auch wenn ihre Lebensumstände ganz andere waren als unsere, sind ihre Probleme und Sorgen den unseren sehr ähnlich.

Die Klarheit der Schrift

Im 16. Jahrhundert erklärten die Reformatoren, sie seien absolut überzeugt von dem, was sie die *claritas scripturae* (Klarheit der Schrift) nannten. Mit diesem Fachbegriff meinten sie die *Verständlichkeit* der Schrift. Sie hielten daran fest, dass die Bibel grundsätzlich klar und einleuchtend sei. Ihre Hauptbotschaft ist für jeden verständigen Menschen einfach zu verstehen.

Damit will ich nicht sagen, dass alle Teile der Bibel gleich eindeutig seien, oder dass es keine schwer verständlichen Schriftstellen gäbe. Laien, die in den Originalsprachen der Schrift und den

Feinheiten der Exegese (Auslegung) nicht bewandert sind, können mit einigen Teilen der Schrift Schwierigkeiten haben. Aber der wesentliche Inhalt ist so klar, dass er leicht verstanden werden kann. Luther zum Beispiel war der Überzeugung: Wenn in einem Teil der Schrift etwas unklar und schwierig ist, wird dies in anderen Teilen der Schrift klarer und einfacher ausgedrückt.

Manche Teile der Bibel sind so klar und einfach, dass sie für solche, die an intellektueller Arroganz leiden, anstößig sind. Vor einigen Jahren hielt ich Vorträge darüber, wie Christi Tod am Kreuz den Fluch des alttestamentlichen Gesetzes erfüllt hat. Ich war mitten in der Vorlesung, da unterbrach mich einer der Zuhörer lauthals: »Das ist primitiv und widerwärtig!« Ich bat ihn, seinen Einwurf zu wiederholen, damit alle Anwesenden seine Beschwerde hören könnten. Nachdem er sie wiederholt hatte, sagte ich: »Sie haben vollkommen Recht! Ihre Wortwahl gefällt mir außerordentlich. *Primitiv* und *widerwärtig*.«

Die gesamte Heilsgeschichte wird mit primitiven Begriffen beschrieben. Angefangen bei der Begegnung von Adam und Eva mit der Schlange, über die verheerende Zerstörung, die Gott beim Auszug Israels über die Streitwagen Ägyptens brachte, bis hin zum grausamen und brutalen Mord an Jesus. Die Bibel offenbart einen Gott, der das Ächzen seines Volkes hört, vom Bauern bis zum Philosophen, vom Einfältigen bis zum klugen Gelehrten. Seine Botschaft ist so unkompliziert, dass selbst die Einfachsten seiner gefallenen Geschöpfe es verstehen können. Was für ein Gott wäre es, der seine Liebe und die Erlösung nur in Fachbegriffen und so tiefsinnigen Konzepten offenbart, dass nur eine Elite von professionellen Gelehrten sie verstehen kann? Gott spricht in einfachen Worten, weil er sich an einfache Menschen richtet. Gleichzeitig enthält die Schrift ausreichend Substanz, um die scharfsinnigsten und gebildetsten Gelehrten mit ihren theologischen Untersuchungen ein Leben lang ausgiebig zu beschäftigen.

Wenn *primitiv* ein passendes Wort ist, um den Inhalt der Bibel zu beschreiben, dann gilt das für *widerwärtig* noch viel mehr. All die Widerwärtigkeit der Sünde wird in der Schrift klar und unverblümt angesprochen. Und was ist widerwärtiger als das Kreuz? Im

Kreuz sehen wir das ganze kosmische Ausmaß an Widerwärtigkeit. Am Kreuz nimmt Christus die gesamte Widerwärtigkeit des Menschen auf sich, um Sünder zu erlösen.

Gehörst du zu denen, die sich bisher an den Mythos der Langeweile und Unverständlichkeit der Schrift geklammert haben? Dann liegt das vielleicht daran, dass du deine Erfahrung mit *einigen* Bibelstellen auf die *gesamte* Schrift übertragen hast. Möglicherweise waren manche Abschnitte ausgesprochen schwierig und erschienen unklar. Andere Schriftstellen mögen dich verblüfft und verwirrt haben. Vielleicht sollte man es tatsächlich den Gelehrten überlassen, *diese* Stellen zu erklären. Aber wenn du bestimmte Teile der Schrift schwierig und kompliziert findest, solltest du deshalb behaupten, die ganze Bibel sei langweilig und eintönig?

Biblisches Christentum ist keine esoterische Geheimreligion. Seine Lehrinhalte sind nicht in unklaren Symbolen verborgen, die nur mit Hilfe irgendeiner speziellen Erkenntnis entschlüsselt werden können. Um die Hauptbotschaft der Schrift zu verstehen, ist keine besondere intellektuelle Leistung oder herausragende geistige Begabung nötig. So etwas findet man in fernöstlichen Religionen, wo die Erkenntnis auf einige weltfremde Gurus beschränkt ist, die in einer Hütte hoch im Himalaja wohnen. Angeblich wurde der Guru von den Göttern über tiefgründige Geheimnisse des Universums erleuchtet. Wenn du dorthin reist, um ihn zu befragen, dann flüstert er dir leise zu, der Sinn des Lebens sei »Ein-Hand-Klatschen«. Das ist esoterisch. Das ist so geheimnisvoll, dass nicht einmal der Guru es versteht. Er kann es nicht begreifen, weil es Unsinn ist. Absurditäten klingen oft klug, weil sie unmöglich verstanden werden können. Wenn wir etwas hören, was wir nicht verstehen, dann denken wir manchmal, dass es einfach zu hoch oder zu schwer ist, als dass wir es begreifen könnten, dabei ist es tatsächlich nur eine unsinnige Aussage wie »Ein-Hand-Klatschen«. Die Bibel spricht nicht auf solche Weise. Sie redet in sinnvoller Ausdrucksweise über Gott. Manchmal ist ihre Ausdrucksweise vielleicht schwieriger als an anderer Stelle, aber nie sind es unsinnige Aussagen, die nur ein Guru ergründen kann.

Das Motivationsproblem

Es ist wichtig sich klar zu machen, dass es in diesem Buch nicht darum geht, wie ich die Bibel *lese*, sondern wie ich sie *studiere*. Der Unterschied zwischen lesen und studieren ist sehr groß. Wir können auf ganz gemächliche Art lesen, einfach nur zur Unterhaltung, locker und ungezwungen. Aber das Wort *studieren* klingt nach Arbeit, nach ernsthafter und sorgfältiger Arbeit.

Das tatsächliche Problem ist also unsere Nachlässigkeit. Wir versagen in unserer Pflicht, das Wort Gottes zu studieren, nicht in erster Linie deshalb, weil es schwer zu verstehen oder langweilig ist, sondern weil Bibelstudium Arbeit bedeutet. Unser Problem ist nicht mangelnde Intelligenz oder Leidenschaft. Unser Problem ist unsere Faulheit.

Ein Theologe schrieb einmal, dass alle Sünden auf drei grundlegende Probleme zurückgehen: Stolz (bzw. Anmaßung), Unehrlichkeit und Faulheit. Keine dieser Grundsünden wird durch die Wiedergeburt augenblicklich ausgerottet. Als Christen haben wir unser ganzes Leben lang mit diesen Problemen zu kämpfen. Niemand ist gegen sie immun. Wenn wir uns mit dem Thema Bibelstudium beschäftigen, dann müssen wir uns von Anfang an darüber im Klaren sein, dass wir die Gnade Gottes brauchen, um durchzuhalten.

Das Übel der Faulheit begleitet uns seit dem Fluch des Sündenfalls. Unsere Arbeit ist jetzt mit Schweiß verbunden. Unkraut sprosst schneller als Getreide. Und Zeitung lesen ist leichter als die Bibel studieren. Der Fluch der Arbeit verschwindet nicht automatisch, nur weil unsere Arbeit Bibelstudium ist.

Ich spreche oft vor einer Gruppe von Zuhörern zum Thema Bibelstudium. Meistens frage ich sie, wie viele von ihnen bereits ein Jahr oder länger Christen sind. Diese frage ich dann, ob sie die Bibel schon einmal ganz durchgelesen haben. In der Regel verneint die überwiegende Mehrheit diese Frage. Ich wage zu vermuten, dass von denen, die seit mindestens einem Jahr Christen sind, mindestens achtzig Prozent noch nie die ganze Bibel gelesen haben. Wie ist das möglich? Diese Frage lässt sich nur dann wenigstens teilweise beantworten, wenn man bedenkt, wie radikal verdorben der Mensch seit dem Sündenfall ist.

Wenn du schon die ganze Bibel durchgelesen hast, gehörst du sogar unter Christen zu einer kleinen Minderheit. Wenn du die Bibel studiert hast, gehörst du zu einer noch kleineren. Ist es nicht erstaunlich, dass viele eine Meinung über die Bibel äußern und doch so wenige sie wirklich studiert haben? Manchmal scheint es, als wären die einzigen, die sich Zeit nehmen, die Bibel zu studieren, diejenigen, die sie am heftigsten verreißen wollen. Viele studieren die Bibel, um ein mögliches Hintertürchen zu finden, durch das sie sich der biblischen Autorität entziehen können.

Unkenntnis der Bibel ist keineswegs auf Laien beschränkt. Ich gehörte Gemeindevorständen an, die dafür verantwortlich waren, Bibelschüler zu prüfen, die sich auf den Pastorendienst vorbereiteten. Die Unkenntnis der Bibel, die wir bei vielen Studenten feststellen mussten, war erschreckend. Die Lehrpläne der Bibelschulen und theologischen Seminare haben nicht viel zur Verbesserung der Lage beigetragen. Viele Gemeinden stellen Prediger an, die den Inhalt der Schrift so gut wie gar nicht kennen.

Als ich mein Studium an einem theologischen Seminar begann, war ich schockiert über den Bibelkunde-Test, den ich ablegen musste, um ins Seminar aufgenommen zu werden. Nachdem ich den Test ausgefüllt hatte, war ich tief beschämt; es war mir peinlich, ihn abzugeben. Ich hatte im College einige Kurse belegt, von denen ich erwartet hatte, dass sie mich auf diesen Test vorbereiten würden. Aber als der Test kam, war ich nicht bereit. Eine Frage nach der anderen ließ ich unbeantwortet und war mir sicher, dass ich durchfallen würde. Doch schließlich kam heraus, dass ich unter den 75 Studenten eine der besten Noten hatte. Es gab sogar einige Studenten, die von 100 Punkten weniger als 10 erreicht hatten. Mein Ergebnis war erbärmlich. Und doch war es unter all den schlechten eins der besten.

Unkenntnis der Bibel ist unter Predigern inzwischen so verbreitet, dass sie häufig ärgerlich werden, wenn ihre Gemeindeglieder sie bitten, die Bibel zu predigen und zu lehren. Oft lebt der Prediger mit der ständigen Angst, entblößt zu werden und in die Situation zu geraten, dass biblische Belehrung von ihm erwartet wird.

Die biblische Grundlage für das Bibelstudium

Die Bibel selbst sagt viel über die Wichtigkeit des Bibelstudiums. Wir wollen zwei Schriftstellen dazu untersuchen – jeweils eine aus den beiden Testamenten –, um einen Eindruck von diesem Auftrag zu bekommen. 5. Mose 6 ist eine Schriftstelle, die jeder alttestamentliche Jude kannte. Mit diesen Worten wurde die Versammlung zum Gottesdienst zusammengerufen:

> Höre, Israel: Der HERR ist unser Gott, der HERR allein! Und du sollst den HERRN, deinen Gott, lieben mit deinem ganzen Herzen und mit deiner ganzen Seele und mit all deiner Kraft. (5Mo 6,4-5)

Viele von uns kennen diese Worte. Aber wie geht der Text weiter?

> Und diese Worte, die ich dir heute gebiete, sollst du auf dem Herzen tragen, und du sollst sie deinen Kindern fleißig einschärfen und davon reden, wenn du in deinem Hause sitzest oder auf dem Wege gehest, wenn du dich niederlegst und wenn du aufstehst; und du sollst sie zum Zeichen auf deine Hand binden, und sie sollen dir zum Schmuck zwischen deinen Augen sein; und du sollst sie auf die Pfosten deines Hauses und an deine Tore schreiben (5Mo 6,6-9).

Hier befiehlt Gott ausdrücklich, dass sein Wort so sorgfältig vermittelt werden muss, dass es in die Herzen dringt. Der Inhalt seines Wortes soll nicht nur gelegentlich oder unregelmäßig erwähnt werden. Wiederholtes Erläutern des Wortes Gottes sollte jeden Tag auf der Tagesordnung stehen. Die Anordnung, es auf Hand, Stirn, Türpfosten und Tore zu binden, verdeutlicht: Gott verlangt, dass dieser Auftrag erfüllt wird, welche Methode auch immer es erfordern mag.

Wenn wir zum Neuen Testament kommen, sehen wir, wie Paulus Timotheus ermahnt:

Du aber bleibe in dem, was du gelernt hast und wovon du überzeugt bist, da du weißt, von wem du gelernt hast, und weil du von
Kind auf die heiligen Schriften kennst, die Kraft haben, dich
weise zu machen zur Rettung durch den Glauben, der in Christus Jesus ist. Alle Schrift ist von Gott eingegeben und nützlich
zur Lehre, zur Überführung, zur Zurechtweisung, zur Unterweisung in der Gerechtigkeit, damit der Mensch Gottes vollkommen sei, für jedes gute Werk ausgerüstet (2Tim 3,14-17).

Diese Aufforderung ist so grundlegend, um die Wichtigkeit des
Bibelstudiums zu verstehen, dass eine genauere Untersuchung
nötig ist.

Bleibe in dem, was du gelernt hast.

Diese Aufforderung betont die *Kontinuität*. Unser Bibelstudium
kann nicht im Handumdrehen erledigt werden.»Einmal schnell
querlesen« hat mit Bibelstudium nichts zu tun. Kontinuität gehört
zur festen Grundlage des Bibelstudiums.

die heiligen Schriften, die Kraft haben, dich weise zu machen

Paulus spricht hier davon, dass die Schrift Weisheit vermitteln
kann. Wenn die Bibel von»Weisheit« spricht, meint sie damit eine bestimmte Art von Weisheit. Das Wort wird nicht verwendet,
um Weltklugheit auszudrücken, oder die nötige Klugheit, um ein
Lexikon zu schreiben. Als biblischer Begriff geht es bei Weisheit
darum zu lernen, wie man ein Leben zur Ehre Gottes führt. Ein
flüchtiger Blick auf die Weisheitsliteratur des Alten Testaments
macht dies ausreichend klar. In den Sprüchen lesen wir zum Beispiel, dass Weisheit mit der»Furcht des Herrn« beginnt (Spr 1,7;
9,10). Diese Furcht ist keine unterwürfige Angst, sondern eine
ehrfürchtige Haltung, die für wahre Frömmigkeit unerlässlich ist.
Das Alte Testament unterscheidet zwischen Weisheit und Wissen.
Wissen ist notwendig, um weise zu werden, aber es ist nicht iden-
tisch mit Weisheit. Man kann viel wissen, ohne weise zu sein, aber
man kann ohne Wissen keine Weisheit haben. Ohne Wissen ist

man ungebildet. Doch wem Weisheit fehlt, wird als Tor beschrieben. Aus biblischer Sicht ist Torheit ein moralisches Vergehen und verdient das Gericht Gottes. Weisheit im höchsten Sinne bedeutet weise sein im Hinblick auf die Erlösung. Weisheit ist also ein theologischer Begriff. Paulus sagt, dass wir durch die Schrift die nötige Weisheit erlangen, um unsere Bestimmung und unser Ziel zu erreichen.

... da du weißt, von wem du gelernt hast

Wer ist der »wem«, von dem Paulus hier spricht? Meint er die Großmutter von Timotheus? Oder sich selbst? Diese Möglichkeiten sind zweifelhaft. Das »wem« bezieht sich auf die ursprüngliche Quelle der Erkenntnis, die Timotheus erlangt hat, nämlich Gott. Das wird noch deutlicher durch die Feststellung, »alle Schrift ist von Gott eingegeben«.

Alle Schrift ist von Gott eingegeben.

Dieser Abschnitt ist Thema ganzer Bände von theologischen Werken über die Inspiration der Bibel. Das ausschlaggebende Wort dieser Schriftstelle ist der griechische Ausdruck *theopneustos*, der oft übersetzt wird mit »von Gott eingegeben«. Eigentlich bedeutet dieses Wort »gott-eingehaucht« (in-spiriert) was aber nicht so sehr bedeutet, dass Gott etwas »ein«-haucht, sondern vielmehr, dass er etwas »aus-haucht« (»ex-spiriert«). Wir wären vielleicht besser beraten, wenn wir anstelle des Ausdrucks »Inspiration« den griechischen Begriff mit »Expiration« übersetzen würden. Dann würden wir die besondere Bedeutung dieser Schriftstelle nicht so sehr darin sehen, dass sie uns eine Lehre der Inspiration liefert (eine Lehre, *wie* Gott sein Wort durch menschliche Autoren übermittelt hat), sondern vielmehr eine Lehre über den Ursprung und die Quelle der Schrift. Paulus sagt Timotheus also, dass die Bibel von Gott kommt. Er ist der letztendliche Autor. Es ist sein Wort, es kommt von ihm, es vermittelt das Gewicht all dessen, was Gott ist. Deshalb ruft Paulus Timotheus auf zu bedenken, »von wem du gelernt hast«.

... *nützlich zur Lehre*

Eine der wichtigsten Prioritäten, die Paulus erwähnt, ist die überragende Art, in der die Bibel *nützlich* für uns ist. Der erste und wirklich wichtigste Nutzen ist die Lehre und Unterweisung aus der Bibel. Wir können vielleicht die Bibel in die Hand nehmen und »inspiriert« oder zu Tränen gerührt sein oder anderweitig emotional ergriffen werden. Aber der größte Gewinn, den wir von ihr haben können, ist ihre Lehre. Und auch hier geht es nicht um eine Ausbildung, wie man ein Haus baut, oder wie man multipliziert und dividiert oder Differentialgleichungen löst, sondern wir werden in den Dingen Gottes belehrt. Diese Lehre wird als *nützlich* bezeichnet, da Gott selbst ihr extrem viel Wert verleiht. Biblische Unterweisung ist ungemein wertvoll und wichtig.

Unzählige Male habe ich Christen sagen gehört: »Warum sollte ich mich mit Lehre und Theologie beschäftigen, wenn Jesus doch eigentlich alles ist, was ich kennen muss?« Ich frage dann sofort zurück: »Wer ist Jesus?« Schon wenn wir diese Frage beantworten, haben wir es mit Lehre und Theologie zu tun. Kein Christ kann Theologie vermeiden. Jeder Christ ist ein Theologe. Vielleicht kein Theologe im technischen und professionellen Sinne, aber trotzdem ein Theologe. Für einen Christen steht nicht zur Debatte, ob er überhaupt ein Theologe ist – sondern ob er ein guter oder ein schlechter Theologe ist. Ein guter Theologe ist einer, der von Gott belehrt ist.

... *nützlich ... zur Überführung, zur Zurechtweisung, zur Unterweisung in der Gerechtigkeit.*

Hier drückt Paulus den praktischen Wert des Bibelstudiums aus. Als gefallene Geschöpfe sündigen wir; wir irren und wir haben von Natur aus keinen Sinn für Gottes Gerechtigkeit. Wenn wir sündigen, müssen wir überführt werden. Wenn wir irren, müssen wir zurechtgewiesen werden. Wenn uns das rechte Verständnis von Gerechtigkeit fehlt, müssen wir unterwiesen werden. Die Schrift dient uns als Mittel der Überführung, Zurechtweisung und Unterweisung.

Die Buchläden dieser Welt sind gefüllt mit Büchern über Trainingsmethoden, um hervorragende sportliche Leistungen zu erbringen, um abzunehmen, sportlich fit zu werden und alle möglichen Fähigkeiten zu erwerben. In Bibliotheken stapeln sich Bücher über Finanzmanagement und die Nuancen einer klugen Investitionspolitik. Wir können viele Bücher finden, die uns beibringen, wie wir unsere Verluste in Profite umwandeln und unsere Verbindlichkeiten in Vermögen. Aber wo sind die Bücher, die uns Gerechtigkeit lehren? Es steht immer noch die Frage im Raum: »Denn was wird es einem Menschen nützen, wenn er die ganze Welt gewönne, aber sein Leben einbüßte?«

... damit der Mensch Gottes vollkommen sei, für jedes gute Werk ausgerüstet.

Ein Christ, der nicht fleißig und ernsthaft die Bibel studiert, lässt als Jünger Christi einfach zu wünschen übrig. Um ein würdiger und in den Dingen Gottes kompetenter Christ zu sein, reicht es nicht, »Austauschabende« und »Lobpreispartys« zu besuchen. Biblische Erkenntnis wird nicht per Körperkontakt übertragen wie eine Infektion. Der Christ, der seine Bibel nicht kennt, ist nicht nur unwürdig, sondern nicht ausgerüstet. Ja, er ist unwürdig, weil er nicht ausgerüstet ist. Ein Sprinter, der an den Olympischen Spielen teilnimmt, kann zwar auch barfuß laufen. Aber wenn es im Wettkampf um die Medaillen geht, wird er seine Spikes anziehen.

Die Bibel als Offenbarung

Einer der wichtigsten Vorzüge der Bibel besteht darin, dass sie Information bietet, die wir nirgends sonst finden. Unsere Universitäten liefern uns ein reiches Wissen, das durch Beobachtung der Natur erlangt wurde. Wir lernen durch Beobachtung, Analyse und abstrakte Schlussfolgerungen. Wir vergleichen und diskutieren verschiedene Meinungen bekannter Wissenschaftler. Aber bei all dem Können und Wissen, das uns diese Welt bietet, gibt es doch niemanden, der aus einer transzendenten (überweltlichen) Perspektive zu uns sprechen kann – keinen, der – wie die Philosophen sagen – mit uns *sub species aeternitatis* (»unter dem Gesichtspunkt der Ewigkeit«) diskutieren kann. Nur Gott kann uns eine Ewigkeitsperspektive geben und mit absoluter und endgültiger Autorität zu uns sprechen. Die Schrift macht uns Wissen zugänglich, das wir aus keiner anderen Quelle schöpfen könnten. Das ist ihr großer Vorzug und Nutzen für uns. Die Schrift spricht natürlich auch von Dingen, die auf andere Weise gelernt werden können. Wir brauchen nicht unbedingt das Neue Testament aufzuschlagen, wenn wir wissen wollen, wer Kaiser Augustus war oder wie weit es von Jerusalem nach Betlehem ist. Aber der beste Geograf der Welt kann uns nicht den Weg zu Gott zeigen und der weltbeste Psychiater kann nicht das Problem der Schuld ein für allemal lösen. Die Heilige Schrift enthüllt uns Dinge, die durch Beobachtung und Forschung nicht offenbar werden.

Obwohl wir durch Naturbeobachtung viel über Gott erfahren können, ist allein seine Selbstoffenbarung in der Schrift für uns vollständig und wertvoll. Es gibt eine Parallele zwischen der Art und Weise, wie wir einerseits Menschen und andererseits Gott kennen lernen. Wenn wir etwas über einen Menschen erfahren möchten, sagen wir einmal George Bush, dann gibt es viele mögliche Wege. Wir können im Internet recherchieren. Wir könnten an den FBI oder die CIA schreiben und herausfinden, ob sie eine Akte über ihn haben. Wir könnten seine Schul- und Hochschulzeugnisse anfordern. So könnten wir etwas über die Eckdaten seines Lebenslaufes erfahren, etwas über seine Gesundheit, seine akademischen und sportlichen Erfolge. Wir könnten dann seine Freunde interviewen, um eine etwas persönlichere Beurteilung zu bekommen. Aber alle diese Vorgehensweisen sind indirekt und viele von Jimmys unsichtbaren Qualitäten werden unserem forschenden Blick verborgen bleiben. Alle diese Methoden beziehen sich nur auf sekundäre Informationsquellen.

Wenn wir George Bush genauer kennen wollen, dann sollten wir ihn persönlich treffen, seine äußerliche Erscheinung beachten, sehen, wie er sich verhält und wie seine Umgangsformen sind. Wir können vielleicht sogar erraten, wie er sich fühlt, was er denkt, was er wertschätzt und was ihm nicht gefällt. Aber wenn wir ihn näher kennen lernen wollen, dann müssen wir auf irgendeine Weise verbal mit ihm kommunizieren. Niemand kann deutlicher und genauer ausdrücken, was er glaubt, fühlt oder denkt, als die Person selbst. Wenn George Bush sich nicht dazu bereit erklärt, sich in Worten zu offenbaren, ist unser Wissen über ihn auf Rätselraten und Spekulationen beschränkt. Nur Worte können uns aufklären.

So ist es auch mit dem Begriff der Offenbarung: Sie ist das grundsätzliche Prinzip der Selbstenthüllung. Die Bibel ist Gottes Selbstbekanntmachung. Hier legt Gott seine Gedanken über viele Dinge offen dar. Wenn wir die Bibel kennen, brauchen wir uns nicht auf Informationen aus zweiter Hand oder auf Spekulationen zu verlassen, um zu lernen, wer Gott ist und was er will. In der Bibel offenbart er sich selbst.

Theorie und Praxis

Es gibt nicht nur Christen, die Theologie verachten, sondern sogar solche, die jede Art von Streben nach theoretischem Wissen über Gott verschmähen und stattdessen darauf bestehen, »praktisch« zu sein. Der Geist Amerikas wurde definiert als ein Geist des Pragmatismus. Dieser Geist zeigt sich nirgends klarer als in der Politik und im öffentlichen Schulsystem.

Pragmatismus ist ein Verhaltensgrundsatz, der Wahrheit als das definiert, was »funktioniert«. Der Pragmatiker ist an Resultaten interessiert, und die Resultate bestimmen seine Wahrheit. Das Problem bei diesem Denkansatz besteht darin, dass nur kurzfristige Resultate berücksichtigt werden, aber die Ewigkeitsperspektive ignoriert wird.

Ich war selbst von diesem Dilemma betroffen, als meine Tochter in den Kindergarten kam und in den öffentlichen Bildungsapparat eingegliedert wurde. Sie ging zu einer sehr fortschrittlichen Vorschule außerhalb von Boston. Nach einigen Wochen erhielten wir ein Schreiben von der Schule, in dem uns mitgeteilt wurde, dass der Direktor ein offenes Treffen für Eltern veranstaltete, um das Programm und die Methoden des Kindergartens zu erklären. Bei dem Treffen erläuterte der Direktor dann ausführlich den Tagesablauf. Er sagte:»Seien Sie nicht beunruhigt, wenn ihr Kind nach Hause kommt und Ihnen berichtet, dass es gepuzzelt oder getöpfert hat. Ich kann Ihnen versichern, dass alles in unserem Tagesablauf aus einem bestimmten Grund geschieht. Von 9.00 Uhr bis 9.17 Uhr spielen die Kinder mit Puzzles, die sorgfältig von Orthopäden entworfen wurden und die motorischen Fähigkeiten der äußeren drei Finger der linken Hand weiter entwickeln sollen.« Dann erklärte er, wie jede Minute des Tages genau geplant war, um sicherzustellen, dass alles aus einem bestimmten Grund getan wurde. Ich war ausgesprochen beeindruckt.

Am Schluss seiner Präsentation gab der Direktor Gelegenheit, Fragen zu stellen. Ich hob meine Hand und sagte:»Ich bin tief beeindruckt von der sorgfältigen Planung dieses Programms. Ich sehe, dass alles einen bestimmten Zweck hat. Meine Frage ist: Wie entscheiden Sie, welchen Zweck Sie verfolgen? Welches grundlegende Ziel verfolgen Sie und woraus leiten Sie den Zweck im Einzelfall ab? Was ist der Zweck, der über allen Zwecken steht? In anderen Worten: Was für eine Art von Kind wollen Sie heranbilden?«

Der Mann wurde kreidebleich und dann tiefrot und stotternd antwortete er:»Ich weiß nicht. Diese Frage wurde mir noch nie gestellt.« Einerseits freute ich mich über seine Ehrlichkeit und Aufrichtigkeit, aber andererseits erschreckte mich seine Aussage. Wie können wir ziellos Zwecke verfolgen? Wo finden wir einen verbindlichen Prüfstein für unseren Pragmatismus? An dieser Stelle kommt die transzendente Offenbarung ins Spiel und erweist sich als höchst wichtig für unser Leben. An dieser Stelle erweist sich die Bibel und ihr Inhalt als höchst bedeutsam für unsere Praxis. Allein Gott kann letztlich bewerten, was von unserer Weisheit und Praxis zu halten ist.

Wer die Theorie verachtet und sich »praktisch« nennt, ist nicht weise. Wenn man sich nur mit kurzfristigen Zielen auseinandersetzt, wird man Probleme bekommen, wenn es um die Ewigkeit geht. Ich möchte auch noch hinzufügen, dass es keine Praxis ohne eine zugrunde liegende Theorie gibt. Wir tun das, was wir tun, weil wir eine Theorie über den Wert unseres Tuns haben. Nichts spricht deutlichere Bände über unsere zugrunde liegende Theorie als unsere Praxis. Vielleicht denken wir nie ernsthaft über unsere Theorie nach und unterziehen sie keiner strengen kritischen Analyse, dennoch haben wir alle eine eigene Theorie. Wer Praxis fordert ohne Theorie, ist wie der Christ, der Christus will, aber keine Theologie: Er wird schlechte Theorien entwickeln, die ihn zu einer schlechten Praxis verleiten.

Weil die Theorie der Bibel von Gott stammt, ist die Bibel ausgesprochen praktisch. Nichts kann praktischer sein als das Wort Gottes, weil es aus einer Theorie entspringt, die aus der Ewigkeitsperspektive begründet wurde. Die fatale Schwäche des Pragmatismus wird durch Offenbarung überwunden.

Der Gefühlschrist

Ich war schon oft versucht, ein Buch zu schreiben mit dem Titel »Der Gefühlschrist«. Es gibt bereits »Die gefühlsgeleitete Frau«, »Der gefühlsgeleitete Mann«, »Das gefühlsgeleitete Paar«, »Der gefühlsgeleitete Geschiedene« und so weiter bis zum Überdruss. Sie alle sind Bestseller. Warum gibt es kein Buch »Der gefühlsgeleitete Christ«?

Was ist ein Gefühlschrist? Er ist jemand, der sich von seinen Gefühlen leiten lässt anstatt vom Verstehen des Wortes Gottes. Der Gefühlschrist ist nur dann zum Gottesdienst, Gebet oder Bibelstudium zu bewegen, wenn er sich danach fühlt. Sein geistliches Leben ist nie stärker als seine momentanen Gefühle. Wenn er gerade geistlich »gut drauf« ist, dann ist er ein Wirbelwind an Glaubensaktivität. Wenn er niedergeschlagen ist, ist er geistlich untätig. Er ist ständig auf der Suche nach neuen geistlichen Erfahrungen und deutet auf deren Grundlage das Wort Gottes. Seine »inneren Gefühle« werden zum letztendlichen Maßstab für die Wahrheit.

Der Gefühlschrist braucht das Wort Gottes nicht zu studieren, weil er Gottes Willen durch seine Gefühle bereits kennt.

Er möchte Gott nicht erkennen. Er möchte ihn erleben. Der gefühlsgesteuerte Christ setzt »kindlichen Glauben« und Unkenntnis gleich. Er meint: Wenn die Bibel uns zu kindlichem Glauben aufruft, dann sei das ein Glaube ohne Inhalt, ein Glaube ohne rationale Erkenntnis. Er weiß nicht, dass in der Bibel steht: »An der Bosheit seid Kinder, am Verstand aber Erwachsene!« (1Kor 14,20). Der Gefühlschrist versteht nicht, dass Paulus uns immer und immer wieder sagt: Meine geliebten Geschwister, ich möchte nicht, dass ihr unwissend seid (z. B. Röm 11,25).

Der Gefühlschrist geht fröhlich seines Weges, bis er die Mühsal nicht so erfreulicher Probleme zu spüren bekommt und daran zerbricht. Meistens bleibt er dann an einer »Beziehungstheologie« hängen. Das ist einer der übelsten Flüche der heutigen Christenheit: Dabei haben persönliche Beziehungen und Erfahrungen den Vorrang vor dem Wort Gottes. Wenn die Schrift zu etwas auffordert, das eine zwischenmenschliche Beziehung gefährden könnte, dann wird die biblische Aufforderung missachtet. Das höchste Gebot für den Gefühlschristen ist, dass schlechte Gefühle unter allen Umständen vermieden werden müssen.

Die Bibel richtet sich vornehmlich, wenn auch nicht ausschließlich, an unseren Verstand, d. h. wir müssen *rational* und nicht *emotional* an sie herangehen. Es ist schwierig, dies den Christen von heute zu vermitteln, da wir in der wahrscheinlich antirationalsten Zeit der westlichen Kulturgeschichte leben. Ich sage hier nicht, dass man antiakademisch oder antitechnologisch ist, man ist auch nicht gegen Bildung. Ich sagte, man ist antirational. Es herrscht eine große Abneigung gegen den Einsatz des Verstandes im Leben als Christ.

Sicher gibt es historische Gründe für diese Reaktion. Viele Laien haben die Folgen dessen gespürt, was ein Theologe »den Verrat der Intellektuellen« nannte. Aus der intellektuellen Welt der Theologen ist so viel Skepsis, Zynismus und negative Kritik hervorgegangen, dass die Laien ihr Vertrauen in die intellektuelle Herangehensweise verloren haben. Häufig befürchtet man, dass der Glaube einer intellektuellen Prüfung nicht Stand halten könne, und verteidigt den Glauben dann dadurch, dass man den Verstand in Misskredit bringt. Wenn es darum geht, den Glauben zu stärken und zu festigen, baut man lieber auf Gefühlen als auf dem Verstand. Das ist ein sehr ernstes Problem, mit dem wir in den heutigen Gemeinden oft konfrontiert werden. Christsein hat sehr viel mit dem Intellekt zu tun, ist aber nicht intellektualistisch. Das heißt, die Schrift richtet sich an den Verstand, ohne aber einen Geist des Intellektualismus aufkommen zu lassen. Das Leben als Christ besteht nicht aus purer Theorie oder kaltem Rationalismus. Es soll ein Leben voll dynamischer Leidenschaft sein. Ein Christ sollte oft starke Gefühle der Freude, Liebe und Anbetung haben. Aber diese leidenschaftlichen Gefühle resultieren aus dem, was wir mit unserem Verstand als Wahrheit erfassen. Wenn wir in der Schrift lesen:»Seid getrost, ich habe die Welt überwunden!« (Joh 16,33), dann ist ein gelangweiltes»Aha« keine passende Antwort. Wir können in Jubel ausbrechen, weil wir verstehen, dass Christus wirklich die Welt überwunden hat. Das beschwingt unsere Seele und lässt unsere Füße vor Freude hüpfen. Was ist kostbarer, als die Gegenwart Christi oder die Gemeinschaft des Heiligen Geistes im Glauben zu erfassen!

Gott verhüte, dass wir unsere Leidenschaft verlieren oder die christliche Pilgerschaft ohne Glaubenserfahrungen mit Christus abspulen. Aber was geschieht bei einem Konflikt zwischen dem Wort Gottes und meinen Gefühlen? Wir müssen tun, was Gott sagt, ob wir wollen oder nicht. Das ist es, was Christsein überhaupt ausmacht.

Denke einmal für einen Augenblick darüber nach. Was passiert in deinem Leben, wenn du das tust, wonach du dich fühlst, statt das, wovon du weißt und verstehst, dass es Gottes Wille ist? Hier sehen wir den krassen Unterschied zwischen echtem Glück und bloßem Vergnügen. Wie leicht verwechseln wir diese zwei! Das Streben nach Glück halten wir für unser»unabdingbares Recht«. Aber Glück und Vergnügen sind nicht dasselbe. Beides fühlt sich gut an, aber nur eines ist nachhaltig. Sünde kann Vergnügen bereiten, aber niemals glücklich machen. Wenn Sünde nicht so angenehm wäre, würde sie kaum eine Versuchung darstellen. Aber obwohl Sünde sich oft »gut anfühlt«, macht sie nicht glücklich. Wenn wir den Unterschied nicht kennen oder – was noch schlimmer ist – wenn uns der Unterschied egal ist, dann sind wir auf dem besten Weg, ein vollkommen gefühlsgeleiteter Christ zu werden. Genau an diesem Punkt, der Unterscheidung zwischen Vergnügen und Glück, ist Bibelkenntnis so entscheidend. Die grundlegende Verführung des Teufels besteht in der Lüge, Gehorsam könne niemals glücklich machen. Von der ersten Versuchung Adams und Evas bis zur Verführung gestern Abend, ist die Lüge des Teufels die gleiche:»Wenn du tust, was Gott sagt, wirst du unglücklich. Wenn du tust, was ich sage, wirst du frei und glücklich.« Was wäre, wenn die Behauptung Satans wahr wäre? Dann müsste Gott mindestens eines von drei Dingen sein: unwissend, bösartig oder betrügerisch. Bei der ersten Möglichkeit wäre Gottes Wort für uns nicht gut, weil Gott nicht kompetent wäre. Gott wüsste einfach nicht genug, um uns zu sagen, was wir tun müssen, um glücklich zu sein. Vielleicht würde er zwar wollen, dass es uns gut geht, aber er wäre einfach zu unwissend, um uns den richtigen Weg zu zeigen. In diesem Fall würde er uns gerne helfen, aber die Komplexität des menschlichen Lebens und menschlicher Situationen würden ihn überfordern.

Oder Gott wäre unendlich weise und wüsste besser als wir, was gut für uns ist. Er verstünde die Komplexität des Lebens besser als alle Philosophen, Ethiker, Politiker, Lehrer, Prediger und Psychiater – aber er würde uns hassen. Er würde die Wahrheit kennen, aber führte uns in die Irre, damit er im Kosmos der einzige Glückliche bliebe. Seine Gesetze wären ein Ausdruck seines Wunsches, sich schadenfroh an unserem Unglück zu weiden. Er wäre ein übler Betrüger. Aber: Unsinn! Wenn das wahr wäre, dann wäre der einzig denkbar Schluss, dass Gott der Teufel ist und der Teufel Gott – und die Bibel in Wirklichkeit das Handbuch des Teufels.

Absurd? Undenkbar? Ich wünschte das wäre es. Aber tatsächlich raten Tausende von Pastoren, entgegen der Schrift zu handeln, um glücklich zu sein.»Ja, Frau Jones, nur zu – lassen Sie sich von Ihrem Mann scheiden, auch wenn es von der Bibel her Unrecht ist, denn ich bin sicher, dass Sie in Ihrer Ehe mit so einem Mann niemals glücklich werden können.«

Wenn es ein Geheimnis gibt, wie Menschen wirklich glücklich

werden, dann ist es das, was im Kleinen Westminster-Katechis-
mus von 1647 so ausgedrückt wird: »Die höchste Bestimmung des
Menschen ist es, Gott zu verherrlichen und sich ewig seiner zu
erfreuen.« Das Geheimnis ist, dass Glück im Gehorsam gegenüber Gott zu finden ist. Wie können wir glücklich sein, wenn wir
nicht gehorsam sind? Wie können wir gehorsam sein, wenn wir
nicht wissen, wem oder was wir gehorchen sollen? So ist die un-
umgängliche Folgerung: *Es kann kein wahres Glück gefunden werden, wenn wir Gottes Wort nicht kennen.*

Sicherlich ist Bibelkenntnis keine Garantie dafür, dass wir tun,
was geschrieben steht. Aber immerhin wissen wir, was wir bei unserer Suche nach Glück und Erfüllung tun sollten. Beim Glauben geht es nicht so sehr darum, an Gott zu glauben, sondern viel
mehr darum, dem Gott zu glauben, an den wir glauben.

Eine Sache der Pflicht

Warum sollten wir die Bibel studieren? Wir haben kurz den praktischen Wert des Bibelstudiums angesprochen und seine Bedeutung für unsere Ethik und unseren Weg zum Glück. Wir haben einige Mythen angeschaut, die als Vorwand genannt werden, wenn
Menschen die Bibel nicht studieren wollen. Wir haben etwas über
Pragmatismus erfahren und das heutige antiintellektuelle Klima
betrachtet. Die Frage, warum wir die Bibel studieren sollten, kann
unter vielen Aspekten behandelt und unzählige Gründe könnten
dafür angeführt werden.

Ich könnte den Leser anflehen, die Bibel zur persönlichen
Erbauung zu studieren, ich könnte alle Überredungskünste auf-
bringen, um in ihm den Wunsch anzuregen, nach seinem Glück
zu streben. Ich könnte darauf verweisen, dass das Bibelstudium
wahrscheinlich die erfüllendste und lohnendste Bildungserfah-
rung seines Lebens wird. Ich könnte viele Gründe aufzählen, wie
er vom ernsthaften Bibelstudium profitieren wird. Aber der wichtigste Grund, warum wir die Bibel studieren sollten, lautet: Weil
es unsere Pflicht ist.

Wenn die Bibel das langweiligste, uninteressanteste und be-
langloseste Buch der Welt wäre, so wäre es dennoch unsere Pflicht
sie zu studieren. Wenn der literarische Stil seltsam und wirr wäre,
die Pflicht würde bleiben. Gott hat uns aufgetragen, sein Wort
fleißig zu studieren. Er ist unser Herrscher; es ist sein Wort und
er hat befohlen, dass wir es studieren sollen. Eine Pflicht ist keine
Option. Wenn du noch nicht begonnen hast, dieser Pflicht nachzukommen, dann musst du Gott bitten, dir zu vergeben und dir zu
helfen, ab heute entschlossen deiner Pflicht nachzukommen.

Persönliches und selbständiges Bibelstudium

In den USA gibt es quasi in jedem Haushalt eine Bibel. Die Bibel ist und bleibt der alljährliche Bestseller. Vielleicht dienen viele Bibeln nur der Dekoration oder als geeigneter Aufbewahrungsort für Fotos, oder als Blumenpresse, und wenn der Pastor zu Besuch kommt, werden sie zuvor gut sichtbar platziert. Da Bibeln für uns so einfach zu erwerben sind, vergessen wir schnell den außerordentlichen Preis, der für das Privileg bezahlt wurde, eine Bibel in der eigenen Sprache zu besitzen und sie somit selber auslegen zu können.

Martin Luther und die persönliche Auslegung

Zwei der großen Vermächtnisse der Reformation sind das Prinzip der persönlichen Auslegung und die Übersetzung der Bibel in die Volkssprache. Diese beiden Prinzipien gehen Hand in Hand und mussten durch heftige Kämpfe und Verfolgungen errungen werden. Etliche Menschen bezahlten dies mit ihrem Leben. Sie wurden auf dem Scheiterhaufen verbrannt (vor allem in England), weil sie es wagten, die Bibel in die Alltagssprache zu übersetzen. Es gehört zu Luthers größten Errungenschaften, dass er die Bibel ins Deutsche übersetzte, so dass jeder sie selbst lesen konnte.

Es war Luther selbst, der im 16. Jahrhundert das Thema der persönlichen Auslegung der Bibel stark in den Mittelpunkt rückte. Beim Reichstag in Worms war es das Prinzip der persönlichen Auslegung, das der berühmten Antwort des Reformators implizit zu Grunde lag:

Es sei denn, dass ich durch Zeugnisse der Schrift oder einleuchtende Gründe überwunden werde – denn ich glaube weder dem Papst noch den Konzilien allein, dieweil es am Tag ist,
dass sie öfters geirrt und sich selbst widersprochen haben –, so
bin ich überwunden durch die heiligen Schriften, welche von
mir angeführt worden sind, und mein Gewissen ist gefangen in
Gottes Wort. Derhalben kann und will ich nichts widerrufen,
dieweil wider das Gewissen zu handeln beschwerlich, unheil-
sam und gefährlich ist. Ich kann nicht anders. Hier stehe ich.
Gott helfe mir! Amen!

Man beachte, dass Luther hier sagt, »es sei denn, dass ich durch
Zeugnisse der Schrift oder einleuchtende Gründe überwunden
werde«. In vorangegangenen Debatten in Leipzig und Augsburg
hatte Luther gewagt, die Bibel anders zu interpretieren als der
Papst und seine Kirchenräte. Diese Kühnheit führte zur wie-
derholten Anschuldigung durch Kirchenfunktionäre, dass er
arrogant sei. Luther nahm diese Angriffe nicht leicht, sondern
quälte sich viel mit ihnen herum. Er glaubte, dass er falsch liegen
könnte, aber hielt auch daran fest, dass der Papst und die Räte
sich irren könnten. Für ihn gab es nur *eine* irrtumslose Quelle
der Wahrheit. Er sagte:»Die Schrift irrt niemals.« Er fühlte sich
also an seine Pflicht gebunden, dem zu folgen, was sein eigenes
Gewissen als die Lehre der Schrift erkannte, außer die Kirchen-
führer könnten ihn überzeugen, dass er irrte. Durch diesen Streit
war das Prinzip der persönlichen Auslegung geboren und mit
Feuer getauft.

Nach Luthers mutiger Verteidigungsrede und der anschließenden Bibelübersetzung ins Deutsche auf der Wartburg gab sich
die römisch-katholische Kirche noch nicht geschlagen. Sie mobili-
sierte ihre Kräfte für einen dreifachen Gegenangriff, bekannt als
die Gegenreformation. Eine der schärfsten Angriffe der Gege-
noffensive waren die Beschlüsse des Konzils von Trient gegen den
Protestantismus. Trient äußerte sich zu vielen der Themen, die
von Luther und anderen Reformatoren angesprochen worden waren. Darunter auch die Streitfrage der persönlichen Auslegung.
Trient donnerte:

Ferner beschließt sie [die Kirche], um leichtfertige Geister im Zaum zu halten: Niemand soll es wagen, in Sachen des Glaubens und der Sitten, die zum Aufbau christlicher Lehre gehören, die Heilige Schrift in Vertrauen auf eigene Klugheit nach seinem eigenen Sinn zu drehen, gegen den Sinn, den die heilige Mutter, die Kirche, hielt und hält – ihr steht das Urteil über den wahren Sinn und die Erklärung der heiligen Schriften zu –, oder auch die Heilige Schrift gegen die einstimmige Auffassung der Väter auszulegen, auch wenn eine solche Auslegung niemals zur Veröffentlichung bestimmt wäre. (Konzil zu Trient, 4. Sitzung, zitiert nach: Neuner-Roos, Der Glaube der Kirche, 13. Aufl. 1992, S. 79-80.)

Begreifen wir, was hier ausgesagt wird? Dieses Dekret beinhaltet unter anderem, dass allein das Lehreramt der römisch-katholischen Kirche das Recht habe, die Schrift auszulegen und deren Bedeutung zu bestimmen. Die Auslegung sollte nicht dem eigenen Gutdünken obliegen oder der eigenen Meinung überlassen sein. Dieser Abschnitt des Konzils von Trient war eindeutig gegen das reformatorische Prinzip der persönlichen Auslegung gemünzt.

Wenn wir diesen Erlass aber etwas genauer anschauen, dann sehen wir, dass er eine schwerwiegende Missdeutung des reformatorischen Prinzips enthält. Haben die Reformatoren eine Auslegung nach eigenem Gutdünken befürwortet? Bedeutet das Recht auf eigene Auslegung, dass jeder die Schrift so interpretieren kann, wie es ihm passt? Darf man die Schrift ehrfurchtslos und uneingeschränkt willkürlich auslegen? Oder sollte man auch die Auslegung anderer, zum Beispiel gelehrter Schriftausleger, ernst nehmen? Die Antworten auf diese Fragen liegen auf der Hand. Die Reformatoren waren auch darum besorgt, die willkürlichen Auslegungen in ihren verschiedenen Formen und Arten zu verhindern und hier Einhalt zu gebieten. (Dies ist auch ein Grund, warum sie so hart daran arbeiteten, gesunde Prinzipien für die Auslegung der Schrift aufzuzeigen, um abstruse Interpretationen daran zu prüfen und zu entlarven). Aber sie versuchten nicht, willkürliche Auslegungen dadurch zu verhindern, dass sie die Lehre der Kleriker als unfehlbar darstellten.

Das wahrscheinlich entscheidende Wort im Dekret von Trient ist das Wort *(ver-) drehen.* Das Konzil sagte, dass niemand das Recht habe, die Schrift zu verdrehen. Dem konnten die Reformatoren von ganzem Herzen zustimmen. Persönliche Auslegung bedeutet auf keinen Fall, dass jeder die Schrift beliebig deuten darf. Das Recht der persönlichen Auslegung bringt die Verantwortung mit sich, den Bibeltext gewissenhaft zu interpretieren. Persönliche Auslegung erlaubt das Interpretieren, aber nicht die Sinnentstellung.

Es ist erschütternd, auf die Zeit der Reformation zurückzuschauen und zu sehen, wie brutal die Inquisition reagierte und diejenigen verfolgte, die die Bibel in Landessprachen übersetzten, um sie für alle zugänglich zu machen. Wir fragen uns, wie die Bischöfe der römisch-katholischen Kirche so korrupt sein konnten, Menschen zu foltern, weil sie die Bibel lasen. Das übersteigt unsere Vorstellungskraft. Bei solchen historischen Betrachtungen wird aber meistens übersehen, dass an diesen Aktivitäten auch manche beteiligt waren, die es eigentlich gut meinten. Rom war davon überzeugt, dass schlimme Zerrbilder der Schrift aufkommen würden, wenn man die Bibel in die Hände ungebildeter Laien legt und ihnen die Auslegung überlässt. Dies würde die Schafe in die Irre führen und so vielleicht in die ewige Pein. Um die Schafe also vor einem Weg zu bewahren, der schließlich ins Verderben führt, entschied sich die Kirche für Leibesstrafe bis hin zur Hinrichtung.

Luther war sich der Gefahr seines Unterfangens bewusst, war aber von der Klarheit der Schrift überzeugt. Trotz des großen Risikos, dass die Schrift verdreht werden könnte, glaubte er: Wenn Massen von Menschen Zugang zur grundsätzlich klaren Botschaft des Evangeliums bekommen, ist das ein großer Segen und wird letztlich mehr Menschen zum Heil führen als ins Verderben. Er war bereit, das Risiko in Kauf zu nehmen und womöglich »dem Bösen Tür und Tor« zu öffnen (so der Vorwurf von Erasmus gegenüber Luther; Anm. des Übers.).

Persönliche Auslegung öffnete den einfachen Leuten die Schrift, aber sie schaffte nicht die gelehrte Theologie ab. Im Rückblick auf biblische Zeiten erkannten die Reformatoren, dass sowohl in alt- wie neutestamentlicher Praxis der »Schriftgelehr-te« seinen berechtigten Platz hatte und der Lehrdienst von großer Bedeutung war. Dass Bibellehrer die alten Sprachen beherrschen und sich mit der Kultur, Geschichte und Literatur der Bibel aus-kennen sollten, ist immer noch wichtig für die Gemeinde Jesu. Luthers berühmte Lehre vom »allgemeinen Priestertum« ist oft missverstanden worden und bedeutet nicht »allgemeines Lehrer-tum«. Allgemeines Priestertum bedeutet einfach, dass jeder ein-zelne Christ eine Aufgabe im Dienst der Gemeinde hat. Wir alle sind berufen, Gott und unserem Nächsten zu dienen. Aber das bedeutet nicht, dass es in der Gemeinde keine Hirten oder Lehrer geben sollte.

Viele Menschen sind enttäuscht von der organisierten Kirche unserer heutigen Kultur. Manche haben überreagiert, sind auf der anderen Seite vom Pferd gefallen und praktizieren eine kirchliche Anarchie. Mit der Kulturrevolution der 60er Jahre, die die Je-sus-Bewegung und Untergrundgemeinde hervorbrachte, kam der Ruf der jungen Leute auf: »Ich brauche keinen Pastor. Ich glaube an keine organisierte Gemeinde und keine strukturierte Leitung im Leib Christi.« In den Händen solcher Menschen könnte das Prinzip der persönlichen Auslegung tatsächlich zum Freibrief für einen radikalen Subjektivismus werden.

Objektivität und Subjektivität

Das große Problem der persönlichen Auslegung ist eindeutig die Gefahr des Subjektivismus. Dieses Risiko ist weiter verbreitet als es zunächst scheint. Ich habe beobachtet, dass sich in viele theolo-gische Debatten eine Subjektivität fast unmerklich eingeschlichen hat.

Kürzlich nahm ich an einem Forum von Theologen teil. Wir diskutierten über verschiedene Sichtweisen eines bestimmten Abschnittes im Neuen Testament, dessen Aussage und Anwen-dung zur Debatte standen. In seiner Eröffnungsrede sagte einer der Experten für Neues Testament: »Ich denke, dass wir offen und ehrlich unsere Herangehensweise an die Schrift zugeben sollten. In die Schlusserklärung werden wir alle das hineinlesen, was wir darin sehen wollen, und das ist auch gut so.« Ich konnte meinen Ohren nicht trauen. Ich war so perplex, dass ich nicht einmal den Versuch unternahm, ihn zu widerlegen. Zu meiner Fassungslosigkeit gesellte sich die Erkenntnis, wie vergeblich es war, auf einen wertvollen Gedankenaustausch zu hoffen. Selten spricht ein Theologe seine Voreingenommenheit in der Öffentlichkeit so deutlich aus. Zwar haben wir alle mit der sündigen Neigung zu kämpfen, in die Bibel das hineinzulesen, was wir dort gerne finden würden, aber ich hoffe, dass wir das nicht immer tun. Ich denke, dass es Mittel gibt, diese Neigung unter Kontrolle zu bringen.

Auch unter der Masse der Christen ist diese Geisteshaltung des Subjektivismus weit verbreitet. Wenn ich einen Bibelabschnitt erklärt habe, entkräften die Zuhörer meine Auslegung oft einfach dadurch, dass sie sagen:»Naja, das ist Ihre Meinung.« Was könnte mit einer solchen Bemerkung gemeint sein? Erstens wäre es denkbar, dass sie allen Anwesenden klarmachen soll, dass die Interpretation, die ich als die meinige vorgestellt habe, *meine* Meinung ist. Ich bin derjenige, der einfach eine Meinung geäußert hat. Aber ich denke nicht, dass dies wirklich das ist, was dieser Einwand in der Regel besagen soll.

Eine zweite Möglichkeit ist, dass diese Bemerkung einen implizierten Widerspruch ausdrückt und mir eine falsche Auslegung vorwirft. Die Person meint vielleicht, der Hinweis, dass die Auslegung von mir stammt, würde meine Aussage bereits entkräften, weil jeder die unausgesprochene Unterstellung versteht: Jede Meinung aus dem Mund von R. C. Sproul ist sicher falsch, weil er noch nie Recht hatte und auch nie Recht haben wird.« Aber so feindselig man meinen Meinungen begegnen mag, bezweifle ich doch, dass dies gemeint ist, wenn jemand sagt:»Das ist *deine* Meinung.«

Ich denke eine dritte Alternative trifft zu: In den meisten Fällen soll mit dem Einwand gesagt werden:»Das ist deine Interpretation. Und die ist gut für dich. Ich stimme dir nicht zu, aber meine Auslegung ist genauso gültig. Obwohl unsere Auslegungen sich widersprechen, können doch beide wahr sein. Was immer du meinst, ist für dich richtig, und was immer ich meine, ist für mich die Wahrheit.« Das ist Subjektivismus. Subjektivismus und Subjektivität sind nicht dasselbe. Wenn man sagt, Wahrheit habe auch subjektive Aspekte, ist das eine Sache. Aber zu behaupten, Wahrheit sei völlig subjektiv, ist eine andere. Wenn Wahrheit oder Unwahrheit irgendwie von Bedeutung für mein Leben sein sollen, muss ich sie in irgendeiner Weise anwenden. Die Aussage:»Es regnet in Georgia«, kann tatsächlich völlig objektiv sein, aber mich in keiner Weise betreffen. Es könnte aber auch sein, dass sie mich doch betrifft, weil zum Beispiel mit dem Regen auch ein heftiger Hagel einhergeht, der die Pfirsichernte zerstört, in die ich mein Geld investiert habe. Dann bekommt die Botschaft eine subjektive Relevanz für mich. Wenn die Wahrheit einer Aussage meine eigene Situation betrifft und mich angeht, dann ist das eine subjektive Sache. Die Anwendung eines Bibeltextes auf mein Leben kann stark subjektiv geprägt sein. Aber das ist nicht Subjektivismus, sondern Subjektivität. Subjektivismus ist, wenn wir die objektive Bedeutung einer Aussage verändern, um sie unseren eigenen Interessen anzupassen. »Es regnet in Georgia« hat für mein Leben in Pennsylvania vielleicht keine Konsequenzen. Aber die Worte haben doch eine gewisse Bedeutung. Der Regen hat Folgen für die Leute in Georgia, vielleicht auch für die Pflanzen und Tiere, die dort leben.

Subjektivismus liegt vor, wenn die Bedeutung einer Aussage nicht nur auf das Subjekt bezogen oder angewendet, sondern vom Subjekt völlig bestimmt wird. Wenn wir vermeiden wollen, dass die Schrift verdreht wird, müssen wir Subjektivismus von Anfang an verhindern.

Wenn wir uns um ein objektives Verständnis der Schrift bemühen, reduzieren wir sie dadurch nicht zu etwas Kaltem, Abstraktem und Leblosem. Wir versuchen einfach zu verstehen, was ein Wort in seinem Kontext bedeutet, *bevor* wir zur ebenso wichtigen Aufgabe der Anwendung auf uns selbst kommen. Bei einer Schriftstelle können mehrere persönliche Anwendungen möglich sein, aber sie kann nur eine einzige korrekte Bedeutung haben. Verschiedene Auslegungen, die sich gegenseitig widersprechen und ausschließen, können nicht alle wahr sein, es sei denn, Gott spräche mit gespaltener Zunge. Wir werden auf das Thema Widersprüchlichkeit und Einheitlichkeit der Schrift später noch einmal genauer eingehen. Im Augenblick geht es aber darum, die Ziele gesunder Schriftauslegung zu erarbeiten.

Das erste dieser Ziele ist, zu einer objektiven Bedeutung des Schrifttextes zu gelangen und den Fallstrick zu meiden, durch Subjektivismus bei der Auslegung diese Bedeutung zu verdrehen. Theologen unterscheiden hier zwischen »Exegese« und so genannter »Eisegese«. »Exegese« ist das Auslegen und Erklären, was eine Schriftstelle besagt und bedeutet. Das Wort stammt aus dem Griechischen und heißt »Auslegung«. Der Schlüssel zur Exegese ist die Silbe »ex«, die »von« oder »aus« bedeutet. Die Schrift auslegen bedeutet, dass man die Bedeutung *aus* den Bibelworten heraus entnimmt. Nicht weniger und nicht mehr. Der Begriff »Eisegese« hat denselben Wortstamm, aber eine andere Vorsilbe. Die griechische Vorsilbe »eis« bedeutet »hinein«. Eisegese heißt also, etwas in einen Text hineinzulesen, was dort gar nicht steht. Exegese ist ein objektives Unterfangen; Eisegese beinhaltet stets praktizierten Subjektivismus.

Wir alle haben mit dem Problem des Subjektivismus zu kämpfen. In der Bibel stehen viele Dinge, die wir nicht hören wollen. Wir können Ohrenstöpsel in unsere Ohren stecken und Scheuklappen aufsetzen. Es ist viel einfacher und angenehmer, die Bibel zu kritisieren, als sich von der Bibel kritisieren zu lassen. Kein Wunder, dass Jesus seine Reden häufig mit den Worten beendete: »Wer Ohren hat zu hören, der höre!« (z. B. Lukas 8,8; 14,34).

Subjektivismus führt nicht nur zu Irrtümern und Fehlern, sondern auch zu Arroganz. Wenn ich das, was ich glaube, nur deshalb glaube, weil ich es eben glaube, oder wenn ich argumentiere, dass meine Meinung wahr ist, weil sie eben meine Meinung ist, dann ist das der Inbegriff von Arroganz. Wenn meine Ansichten keiner objektiven Überprüfung und Untersuchung standhalten können, verlangt das Gebot der Demut, dass ich meine Meinung verwerfe. Aber in seiner Arroganz verteidigt der Subjektivist seine Position auch ohne jede objektive Untermauerung oder Bestätigung. Aussagen wie: »Wenn du glauben möchtest, was du glaubst, dann ist das in Ordnung. Und ich glaube, was ich glauben will«, hören sich nur oberflächlich demütig an.

Persönliche Ansichten müssen von außen anhand von Fakten und Meinungen geprüft werden, denn wir alle sind überfrachtet mit vorgefertigten Ansichten, mit denen wir an die Bibel herangehen. Niemand auf dieser Welt hat ein vollkommen unvoreingenommenes Bibelverständnis. Wir haben alle irgendwo und irgendwie bestimmte Meinungen und Vorstellungen, die nicht von Gott kommen. Vielleicht würden wir sie aufgeben, wenn wir genau wüssten, welche unserer Ansichten Gott widersprechen. Aber das ist schwierig herauszufinden. Deshalb benötigen wir das Feedback anderer und müssen uns durch ihre Forschungsergebnisse und Fachkenntnis zurechtbiegen lassen.

Die Rolle des Lehrers

In den reformierten Kirchen des 16. Jahrhunderts wurde zwischen zwei Arten von Ältesten unterschieden: den lehrenden und den leitenden Ältesten. Leitende Älteste waren dazu berufen, die Gemeinde zu führen und zu verwalten. Lehrende Älteste, die auch Pastoren genannt wurden, waren hauptsächlich für das Predigen und Lehren zuständig und sollten die Gläubigen für den Dienst zurüsten.

In den letzten Jahrzehnten hat vielerorts eine bemerkenswerte Erneuerung der Gemeinden stattgefunden. Außergemeindliche Organisationen haben viel dazu beigetragen, dass sich Laien wieder mehr in ihre örtlichen Gemeinden einbringen. Konferenzen für nicht theologisch ausgebildete Gemeindemitarbeiter sind weit verbreitet. Die Betonung liegt nicht mehr so sehr auf großartigen Predigern, sondern auf tollen Programmen für und von Laien. Da geht es nicht um begnadete Redner, sondern um begnadete Gemeinschaft.

Eine der wesentlichen Entwicklungen dieser Erneuerungsbewegung war das Aufkommen von Hauskreisen. Dabei haben auch solche Gläubige, die sich sonst nicht für die Bibel interessiert hätten, in einer Atmosphäre der engen Gemeinschaft und

Ungezwungenheit große Fortschritte in ihrer Bibelkenntnis gemacht. Die Dynamik einer Kleingruppe passt gut zu Nichttheologen. In diesen Bibelkreisen lehren einfache Gläubige einander oder tragen ihre Erkenntnisse zusammen. Solche Hauskreise haben die Gemeinden sehr erfolgreich erneuert. Und dieser Effekt wird sich noch verstärken, wenn die Gläubigen ihre Fähigkeiten im Studieren und Auslegen der Bibel weiterentwickeln. Es ist eine ausgezeichnet Idee, sich zu treffen, die Bibel aufzuschlagen und sie gemeinsam zu studieren. Aber es ist auch außerordentlich gefährlich. Das Zusammentragen von Erkenntnissen ist wertvoll für die Gemeinde; wenn aber Unkenntnis zusammengetragen wird, dann hat das zerstörerische Auswirkungen und kann zu dem Problem führen, dass Blinde Blinde führen.

Obwohl Kleingruppen und Hauskreise sehr gut zur Erbauung und Reformation der Gemeinde beitragen können, müssen die Gläubigen an irgendeiner Stelle dieses Weges fachlich geschult werden. Ich bin überzeugt, dass die Gemeinde heute wie alle Zeit ausgebildete Lehrer braucht. Persönliches Bibelstudium und selbständige Schriftauslegung brauchen den Ausgleich durch die kollektive Weisheit der Gelehrten. Bitte verstehe das nicht falsch. Ich rufe die Gemeinde nicht auf, zu vorreformatorischen Zuständen zurückzukehren, als die Bibel unter Verschluss der Auslegungshoheit der Geistlichen stand. Es freut mich ungemein, dass die Leute anfangen die Bibel selber zu studieren und dass das Blut der protestantischen Märtyrer nicht vergeblich vergossen worden ist. Ich möchte nur sagen, dass es weise ist, wenn Christen, die die Bibel studieren, dies in Gemeinschaft mit oder unter der Anleitung eines Hirten oder Lehrers tun. Christus selbst hat seine Gemeinde so strukturiert, dass er einigen die Gabe des Lehrens verliehen hat. Wenn die Gemeinde Christus ehren will, muss sie diese Gabe und diesen Dienst anerkennen.

Es ist wichtig, dass Lehrer gut ausgebildet sind. Natürlich gibt es manchmal Lehrer, die zwar kein Studium und keine Ausbildung absolviert haben, und trotzdem ein enormes intuitives Schriftverständnis haben. Aber solche Leute gibt es extrem selten. Viel häufiger ist das Problem, dass Leute sich selbst in eine Lehrerrolle berufen, die einfach nicht zum Lehren geeignet sind. Ein guter Lehrer muss fundierte Kenntnisse und die nötigen Fähigkeiten haben, um schwierige Schriftstellen erklären zu können. Hier ist es sehr wichtig, dass er die biblische Sprache, Geschichte und Theologie wirklich beherrscht.

Wenn wir die Geschichte des Volkes Israel im Alten Testament betrachten, dann sehen wir: Eine der ernstesten und häufigsten Bedrohungen für das Volk waren die falschen Propheten. Israel wurde viel öfter Opfer der Verführungskraft falscher Lehrer, als es in die Hände der Philister oder Assyrer fiel. Das Neue Testament bezeugt dasselbe Problem in der Frühzeit der Gemeinde. Falsche Propheten waren wie eigennützige falsche Hirten, die sich mehr um ihren eigenen Vorteil als um das Wohl der Herde sorgten. Es scherte sie nicht, dass sie die Leute in die Irre, zur Sünde und ins Verderben führten. Nicht alle falschen Propheten verbreiten ihre Irrtümer aus böser Absicht; viele tun es aus Unwissenheit. Doch wir sollen uns vor den Unwissenden ebenso hüten wie vor den Böswilligen.

Andererseits war es ein großer Segen für Israel, wenn Gott dem Volk Propheten und Lehrer sandte, die ganz nach seinem Sinn lehrten. Hören wir auf Gottes ernste Warnung an Jeremia:

Ich habe gehört, was die Propheten reden, die in meinem Namen Lügen prophezeien und sagen:»Mir hat geträumt, mir hat geträumt!« Wie lange soll die falsche Weissagung im Herzen der Propheten bleiben, die betrügerische Weissagung ihres Herzens? Haben sie etwa im Sinn, bei meinem Volk meinen Namen in Vergessenheit zu bringen durch die Träume, die sie einander erzählen, gleichwie ihre Väter meinen Namen vergessen haben über dem Baal? Der Prophet, der einen Traum hat, erzähle den Traum; wer aber mein Wort hat, der predige mein Wort wahrhaftig! Was hat das Stroh mit dem Weizen gemein? spricht der HERR. Ist mein Wort nicht wie ein Feuer, spricht der HERR, und wie ein Hammer, der Felsen zerschmeißt? Darum siehe, ich will an die Propheten, spricht der HERR, die meine Worte stehlen, einer dem andern; siehe, ich will an die Propheten, spricht der HERR, die ihre eigenen Zungen nehmen, um einen Gottesspruch zu sprechen; siehe, ich will an die Propheten, spricht der HERR, welche erlogene Träume erzählen und durch ihre Lügen und Prahlereien mein Volk irreführen, da ich sie doch nicht gesandt und ihnen nichts befohlen habe und sie auch diesem Volk gar nichts nützen können, spricht der HERR (Jer 23,25-32).

Bei solchen Gerichtsworten überrascht es nicht, dass auch das Neue Testament warnt:»Werdet nicht viele Lehrer, meine Brüder, da ihr wisst, dass wir ein strengeres Urteil empfangen!« (Jak 3,1). Wir brauchen Lehrer mit gesunder Erkenntnis und mit Herzen, die im Einklang mit dem Wort Gottes sind.

Persönliches Bibelstudium ist für den Christen ein wichtiges Gnadenmittel. Es ist für uns alle ein Privileg und eine Pflicht. In seiner Gnade und Güte uns gegenüber hat Gott uns und der Gemeinde nicht nur begabte Lehrer gegeben, die uns helfen, sondern auch seinen eigenen Heiligen Geist, der uns durch sein Wort erleuchtet und uns die Anwendung für unser Leben zeigt. Gesunde Lehre und sorgfältiges Bibelstudium stehen unter dem Segen Gottes.

Hermeneutik:
die Lehre von der Auslegung

Bei vielen heutigen Kontroversen über die Bibel geht es um Fragen der Hermeneutik. Die Wissenschaft der Hermeneutik ist die Lehre von der Schriftauslegung. In der griechischen Mythologie war Hermes, von dem das Wort Hermeneutik abgeleitet ist, der Götterbote. Er hatte die Aufgabe, den Willen der Götter zu deuten. Daher geht es in der Hermeneutik darum, eine verständliche Botschaft zu übermitteln.

Zweck der Hermeneutik ist es, Richtlinien und Regeln für die Auslegung festzusetzen. Die Hermeneutik ist eine gründlich ausgearbeitete Wissenschaft, die recht technisch und komplex werden kann. Nicht nur die Bibel, sondern jeder beliebige Text unterliegt der Gefahr, falsch interpretiert zu werden. Deshalb haben wir Regeln entwickelt, um uns vor solchen Missverständnissen zu schützen. In diesem Kapitel werden wir uns auf die allerwichtigsten und grundlegendsten Regeln und Leitlinien beschränken.

Historisch gesehen haben die USA eine besondere Institution, die theoretisch als das oberste Gremium inneramerikanischer Hermeneutik fungiert. Diese Institution wird Oberster Gerichtshof genannt. Die vorrangige Aufgabe des Obersten Gerichtshofs ist es, die US-Verfassung auszulegen. Die Verfassung ist ein Textdokument und muss daher ausgelegt werden. Ursprünglich hielt man sich beim Auslegen der Verfassung an die so genannte grammatisch-historische Methode. Das heißt, zur korrekten Auslegung der Verfassung hat man ihren Wortlaut auf Grundlage dessen analysiert, was diese Worte zur Zeit ihrer Abfassung bedeuteten.

Seit Oliver Wendell Holmes, der von 1902 bis 1930 Richter am Obersten US-Gerichtshof war, hat sich die Methode der Verfas-

sungsinterpretation jedoch radikal gewandelt. Die aktuelle Krise
in der Gesetzgebung und das geschwächte Vertrauen der Öffentlichkeit in den Obersten Gerichtshof hängen direkt mit dem Problem der Auslegungsmethode zusammen. Wenn der Gerichtshof
die Gesetze auf Grundlage moderner Einstellungen auslegt, dann
ist das im Endeffekt eine Verfassungsänderung durch Neuinterpretation. Daraus folgt, dass der Gerichtshof auf unterschwellige
Weise eher eine legislative (gesetzgebende) als judikative (urtei-
lende) Einrichtung wird.

Dasselbe Dilemma hat sich bei der Auslegung der Bibel voll-
zogen. Wenn Theologen eine Auslegungsmethode heranziehen,
durch die die Bibel per Neuinterpretation »up to date« gemacht
werden soll, wird die ursprüngliche Bedeutung der Schrift ver-
dunkelt. Stattdessen wird ihre Aussage mit dem Zeitgeist in Einklang gebracht.

Die *Analogia fidei* (»Entsprechung des Glaubens«)

Als die Reformatoren mit Rom brachen und die Position vertei-
digten, dass die Bibel die höchste Autorität der Kirche sein muss
(*sola scriptura* – »allein die Schrift«), definierten sie mit großer
Sorgfalt grundlegende Auslegungsprinzipien. Die erste Regel der
Hermeneutik war die *analogia fidei* (wörtl. »Entsprechung zum
Glauben(sinhalt)« – im Folgenden als »Analogie des Glaubens«
bezeichnet). Diese Regel besagt, dass die Schrift selbst die Schrift
interpretieren muss: *Sacra Scriptura sui ipsius interpres* (»die Heilige Schrift ist ihr eigener Ausleger«). Das heißt einfach, dass kein
Teil der Schrift so ausgelegt werden darf, dass er in Konflikt mit
der Lehre einer anderen Schriftstelle gerät. Wenn zum Beispiel
ein Vers auf zwei verschiedene Weisen gedeutet werden kann und
dabei die eine Deutung dem Rest der Schrift widerspricht, während die andere mit ihr harmoniert, dann muss die letztere angewendet werden.

Dieses Prinzip beruht auf der zugrunde liegenden Überzeugung, dass die Bibel das vertrauenswürdige inspirierte Wort
Gottes und deshalb schlüssig und stimmig ist. Weil davon aus-

gegangen wird, dass Gott sich nicht selbst widerspricht, wird es als Lästerung des Heiligen Geistes angesehen, eine abweichende Auslegung zu wählen, die die Bibel unnötig mit sich selbst in Widerspruch bringt. Diese Sorgfalt ist heute von denen über Bord geworfen worden, die die Inspiration der Schrift leugnen. Es ist an der Tagesordnung, dass die Schrift nicht nur entgegen der Schrift ausgelegt wird, sondern dass man dafür sogar keine Anstrengung scheut. Die Bemühungen von rechtgläubigen Theologen, schwierige Schriftstellen zu harmonisieren, werden ins Lächerliche gezogen und weitgehend ignoriert.

Doch auch ungeachtet der Frage der Inspiration ist die Regel der »Analogie des Glaubens« ein guter Ansatz, um Literatur zu interpretieren. Schon die einfachen und allgemeinen Anstandsregeln sollten jeden Autor davor schützen, zu Unrecht der Widersprüchlichkeit bezichtigt zu werden. Wenn ich die Möglichkeit habe, die Aussagen einer Person in zwei verschiedenen Weisen auszulegen, und die eine Auslegung ist schlüssig, die andere widersprüchlich, dann ist es nur fair, zugunsten des Verdächtigten zu entscheiden.

Ich habe erlebt, wie Leute mich angesprochen haben wegen bestimmter Aussagen in meinen Büchern. Sie fragten:»Wie können Sie in Kapitel 6 dies und das behaupten, während Sie doch in Kapitel 4 jenes geschrieben haben?« Dann erkläre ich, was ich in Kapitel 6 gemeint habe und der Fragesteller versteht, dass die beiden Gedanken letztlich nicht widersprüchlich sind. Die Perspektive in Kapitel 6 unterscheidet sich leicht von der in Kapitel 4, und auf den ersten Blick sieht dies aus wie ein Widerspruch, aber wenn man sich die Mühe macht und genauer hinschaut, dann ist das Problem gelöst. Wir sind alle schon mal kläglich missverstanden worden und sollten mit den Worten anderer so sorgsam umgehen, wie wir es uns wünschen, dass man mit unseren Worten umgeht.

Es ist natürlich denkbar, dass meine Worte widersprüchlich sind. Dieser sorgsame Interpretationsansatz und der Grundsatz, im Zweifel zugunsten des Verdächtigten zu entscheiden, können deshalb nur bei zweifelhaften Fällen angewendet werden. Wenn kein Verdacht besteht, dass ich mir vielleicht widersprochen habe, dann bleibt nur, meine Aussage zu kritisieren. Jedenfalls gilt:

Wenn wir nicht versuchen, Texte in sich schlüssig zu interpretieren, kommt ein heilloses Chaos dabei heraus. Wenn so etwas bei der Auslegung der Bibel vorkommt, wird die Bibel zu einem Chamäleon, das je nach Hintergrund des Auslegers die Farbe wechselt. Offensichtlich hat also unsere Auffassung vom Wesen und Ursprung der Schrift einen entscheidenden Einfluss auf unsere Auslegungsweise. Wenn die Bibel das inspirierte Wort Gottes ist, dann ist es bei der Auslegung nicht nur eine Option, sondern eine Pflicht, die »Analogie des Glaubens« zu beachten.

Die Bibel wörtlich auslegen

»Du verstehst die Bibel doch wohl nicht wörtlich?« Diese Frage wird mir oft gestellt. Die Formulierung und der Tonfall der Frage verraten, dass es nicht wirklich eine Frage, sondern ein Vorwurf ist, der implizit besagt: »Du bist doch wohl nicht so naiv, dass du die Bibel heute noch wörtlich nimmst, oder?« Wenn ich diese Frage höre, fühle ich mich, als würde ich ohne mit der Wimper zu zucken abgestempelt wie jemand, der glaubt, die Erde sei eine Scheibe.

Auf solche Fragen antworte ich üblicherweise nicht mit »Ja« oder »Naja, manchmal«, sondern mit »Ja, selbstverständlich!« Damit versuche ich auszudrücken: Welcher Mensch in Vollbesitz seiner Sinne würde die Bibel denn nicht wörtlich nehmen? Ich setzte dabei auf den Schockeffekt, um die Aufmerksamkeit des Fragestellers darauf zu lenken, was wörtliche Schriftauslegung wirklich bedeutet.

Eine der bedeutendsten Errungenschaften der reformatorischen Theologie geht direkt zurück auf Luthers standhaftes Eintreten für diese zweite Regel der Hermeneutik. Die Bibel soll gemäß ihrem wörtlichen Sinn ausgelegt werden. Luther nannte dieses Auslegungsprinzip *sensus literalis* (Literalsinn). Um zu verstehen, was mit diesem Nachdruck auf die wörtliche Bedeutung gemeint ist, müssen wir die historische Situation beachten, in der dieser Begriff entstanden ist. (Jetzt muss ich eine grammtisch-historische Auslegung einer Aussage von Luther vornehmen!)

Sensus literalis ist lateinisch und heißt »Sinn des Buchstabens«. Etwas buchstäblich zu nehmen heißt, die verwendeten Buchstaben und Worte zu beachten. Die Bibel wörtlich auszulegen bedeutet also, sie als *Literatur* zu interpretieren. Das heißt, die natürliche Bedeutung eines Textabschnittes muss nach den üblichen Regeln von Grammatik, Sprache, Satzbau und Kontext gedeutet werden. Die Bibel ist zwar ein sehr besonderes Buch, da sie auf einzigartige Weise vom Heiligen Geist inspiriert ist. Aber diese Inspiration verwandelt nicht die Buchstaben der Worte oder die Sätze des Abschnittes in magische Phrasen. Auch unter Inspiration bleibt ein Substantiv ein Substantiv und ein Verb bleibt ein Verb. Fragen verwandeln sich nicht in Feststellungen und historische Berichte werden nicht zu Allegorien. Luthers Prinzip war weder mystisch noch simplifizierend. Das Prinzip der wörtlichen Auslegung ist eine Regel, die die sorgfältigste literarische Untersuchung des Textes erfordert. Wenn wir gewissenhafte Schriftausleger sein wollen, müssen wir die Regeln der Grammatik kennen, und vor allem müssen wir eine korrekte Analyse der Literaturgattung vornehmen.

Die Bedeutung der Literaturgattung

Bei der Analyse der Literaturgattung bzw. des »Genres« geht es darum, welche literarische Form ein Text hat, welche Redewendungen und bildhaften Ausdrücke verwendet werden und in welchem Stil der Text verfasst ist. So geht man bei allen literarischen Werken vor. Man unterscheidet lyrische Poesie von Bedienungsanleitungen, tagesaktuelle Zeitungsberichte von epischen Gedichten. Historische Erzählungen haben einen anderen Stil als Predigten, realistische Beschreibungen sind anders als polemische Übertreibungen. Wenn wir diese Differenzierungen bei der Bibel nicht anwenden, führt das zu vielerlei Auslegungsproblemen. Die Analyse von Literaturgattung und Stil ist für die genaue Auslegung unabdinglich. Einige Beispiele für die Wichtigkeit von literarischer Analyse bei Bibeltexten sind hier hilfreich.

Das Problem der Historizität des Buches Jona dreht sich oft um Fragen der literarischen Analyse. Viele Theologen glauben einerseits, dass die Bibel unfehlbar ist, doch glauben sie andererseits nicht, dass Jona tatsächlich von einem Wal oder einem sehr großen Fisch verschluckt worden ist. Weil ein längerer Abschnitt des Buches Jona in einem Stil verfasst ist, der eindeutig poetisch ist (das ganze zweite Kapitel), meinen manche, dass das Buch Jona nie den Anspruch erheben wollte, dass diese Begebenheit tatsächlich so stattgefunden hat. Vielmehr halten sie das Buch Jona für eine Art episches oder dramatisches Gedicht, dessen Absicht nicht sei, über historische Tatsachen zu berichten. Da das Buch also gar nicht historisch sein wolle, sollten wir es auch nicht als wahre Geschichte ansehen. Andere Theologen lehnen die Historizität Jonas aus anderen Gründen ab. Sie argumentieren, dass das Buch zwar eine historische Erzählung sei, aber die poetischen Abschnitte würden lediglich Jonas Dankgebet für seine Rettung aus dem Meer reflektieren und müssten nicht ernst genommen werden, weil sie ein Wunder beinhalten. Weil diese Gelehrten nicht an Wunder glauben, leugnen sie die Historizität des Buches. Die erste Gruppe lehnt die Historizität Jonas also aus literarischen, die zweite aus philosophischen Gründen ab.

Literarische Analysen können nicht das philosophische Problem lösen, ob Jona von einem Fisch verschluckt worden sein kann oder nicht. Aber sie dienen zur Feststellung, ob jemand tatsächlich behauptet, dass dieses Ereignis real war. Wer Wunder für unmöglich hält, hat noch lange kein Argument gegen die Aussage von jemandem, der behauptet, dass ein Wunder geschah.

Ein anderes Beispiel für Probleme bei der literarischen Analyse ist die Verwendung von Hyperbeln (Übertreibungen) in der Bibel. Hyperbel heißt wörtlich »über das Ziel hinaus werfen«. Ein Wörterbuch definiert die Hyperbel als »eine fantasievoll übertriebene Aussage, um einen Effekt zu erzielen«. Der Gebrauch von Hyperbeln ist ein verbreitetes linguistisches Phänomen. Im Neuen Testament lesen wir beispielsweise: »Und es ging zu ihm hinaus das ganze jüdische Land und alle Einwohner Jerusalems« (Mk 1,5). Will Markus sagen, dass wirklich jeder einzelne Einwohner zu Johannes kam? Vielleicht, aber das ist zweifelhaft.

Wir benutzen unsere Sprache genauso. Als die *Pittsburgh Steelers* zum ersten Mal den *Super Bowl* gewannen, kamen in Pittsburgh Hunderte von Fans zusammen, um den Sieg zu feiern und das Team zu Hause willkommen zu heißen. Ein Reporter sagte:»Die ganze Stadt ist gekommen, um sie zu begrüßen!« Wollte der Reporter damit sagen, dass jeder einzelne Einwohner von Pittsburgh anwesend war? Natürlich nicht. Seine Aussage war offensichtlich hyperbolisch gemeint.

Ich kenne einen sehr kompetenten Theologen, der die Irrtumslosigkeit der Schrift ablehnt, weil Jesus angeblich etwas Falsches sagte, als er erklärte, dass das Senfkorn das kleinste aller Samenkörner ist. Wir wissen, dass es noch kleinere Samen gibt als Senfkörner. Liegen also Jesus und das Neue Testament mit der Behauptung, es sei das kleinste, im Irrtum? Nein, denn wenn wir Jesus und der Schrift einen Irrtum vorwerfen, wenn eindeutig eine Hyperbel vorliegt, zeigt das nur, dass wir keine korrekte literarische Analyse vorgenommen haben.

Literarische Analyse löst auch Probleme, die durch Personifizierungen verursacht werden. Eine Personifizierung ist ein literarisches Stilmittel, bei dem einem leblosen Objekt oder einem Tier menschliche Eigenschaften zugeschrieben werden. Dinge werden mit menschlichen Begriffen umschrieben. Die Bibel spricht von Hügeln, die tanzen und von Bäumen, die in die Hände klatschen. Solche rhetorischen Figuren sind meistens leicht zu erkennen und bereiten bei der Auslegung keine Schwierigkeiten. In manchen Fällen haben Personifizierungen aber zu ernsten Diskussionen geführt. Das Alte Testament zum Beispiel berichtet, wie Bileams Esel plötzlich spricht. Ist das ein unvermittelter poetischer Einschub in einer historischen Erzählung? Verdeutlicht das sprechende Tier, dass eine Fabel vorliegt? Oder handelt es sich um ein Wunder oder eine besondere Fügung Gottes, die einfach zum realen Handeln Gottes in der historischen Heilsgeschichte gehört?

Wenn wir bei der Beantwortung dieser Fragen vorrangig davon ausgehen, ob wir an Wunder glauben oder nicht, dann wäre das eine sehr subjektive Herangehensweise. Eine objektive Herangehensweise wäre, den Text literarisch zu analysieren. Von dieser Begebenheit wird in einem breiteren Zusammenhang berichtet, der keinerlei Merkmale von Poesie oder einer Fabel aufweist, dafür aber alle Merkmale einer historischen Erzählung. Dass der Esel spricht, ist dabei ein besonders wichtiger Aspekt der Geschichte und verursacht deshalb einige Probleme. Ich wiederhole: An dieser Stelle soll es nicht darum gehen, herauszufinden, ob der Esel wirklich gesprochen hat oder nicht, sondern ich möchte lediglich verdeutlichen, wie eine Personifizierung zu Kontroversen führen kann.

Wenn wir etwas als Personifizierung bezeichnen, das alle Merkmale einer historischen Erzählung hat, dann machen wir uns der Eisegese schuldig. Wenn die Bibel behauptet, dass etwas tatsächlich stattgefunden hat, haben wir kein Recht, es durch eine angebliche Personifizierung »wegzuerklären«. Das wäre literarisch und intellektuell eine faule Ausrede. Wer den Bericht einfach nicht glauben will, sollte das zugeben und ihn als Einfügung eines primitiven Aberglaubens ins Alte Testament betrachten.

Eine Personifizierung, die heftige Debatten ausgelöst hat, ist die sprechende Schlange beim Sündenfall in 1. Mose 3. Die niederländische Reformierte Kirche hat aufgrund der Meinung eines führenden Theologieprofessors zu diesem Thema eine schwere Krise durchgemacht. Als Karl Barth auf dem Höhepunkt dieses Konflikts die Niederlande besuchte, wurde er gefragt: »Hat die Schlange wirklich geredet?« Barth antwortete: »Was hat die Schlange gesagt?« Barths schlaue Antwort sollte ausdrücken: »Es ist egal, ob die Schlange tatsächlich gesprochen hat oder nicht. Worauf es ankommt, ist, was sie sagte und welche Auswirkungen das hatte.« Natürlich hätte Barth Recht, wenn der biblische Bericht des Sündenfalls nicht historisch wäre oder nicht den Anspruch erheben würde, historisch zu sein. Mit seiner Antwort gaben sich die Niederländer aber nicht zufrieden. Ihr Problem war nämlich nicht so sehr, ob es nun eine sprechende Schlange gegeben hat oder nicht, sondern sie fragten vielmehr nach den Gründen, warum ihre Professoren die Historizität des Sündenfalls bezweifelten.

Die ersten Kapitel von 1. Mose stellen uns vor große Schwierigkeiten, wenn wir die exakte literarische Gattung bestimmen wollen. Zum Teil weist der Text die Eigenschaften von historischen Berichten auf, aber zum anderen Teil liegen hier auch Bilder vor, die wir in der symbolischen Literatur finden. Adam befindet sich an einem realen geografischen Ort und wird als echter Mensch beschrieben. Und was sehr bedeutend ist: Er steht in einem Stammbaum, und es wäre nicht nur für Juden höchst verwerflich, diesen Stammbaum als mystisch zu erklären. Darüber hinaus wird Adam an einer anderen Stelle zusammen mit Persönlichkeiten aufgezählt, deren historische Existenz auf keinen Fall bestritten werden kann (Lk 3,28; Mt 19,4; Röm 5,14 u.a.). All das sind nach den Regeln der literarischen Analyse wichtige Gründe, Adam als eine historische Figur anzuerkennen. (Es gibt natürlich auch noch theologische Gründe dafür, aber hier und jetzt geht es nur um die Frage der literarischen Analyse.) Doch außer diesen klaren Hinweisen auf einen historischen Bericht kommt hier beispielsweise auch der »Baum der Erkenntnis von Gut und Böse« vor. Was für ein Baum ist das? Wie sahen seine Blätter aus und welche Früchte hat er getragen? Dieses Bild hat die Merkmale einer Symbolik, die wir zum Beispiel auch in der apokalyptischen Literatur wie im Buch der Offenbarung finden.

In den Anfangskapiteln der Bibel sehen wir uns also einer Art Literatur gegenüber, die sowohl Merkmale einer historischen Erzählung als auch Elemente von Symbolik aufweist und diese in einer ungewöhnlichen Weise vermischt. Erst wenn wir bestimmt haben, um welche Literaturgattung es sich handelt, können wir feststellen, was der Text uns historisch mitteilt. Wenn das geklärt ist, können wir zur Frage nach der Glaubwürdigkeit kommen. Auch wenn ich mich wiederhole, möchte ich nochmals betonen: Was die Bibel tatsächlich sagt, ist eine Sache, und ob man das, was sie sagt, für wahr hält und glaubt ist, ist eine andere. Dazwischen müssen wir sorgfältig unterscheiden.

Das Problem der Metapher

Eine Metapher ist eine Stilfigur, bei der eine Sache anstelle von etwas anderem genannt wird, das eine gewisse Ähnlichkeit oder

Entsprechung zu dieser Sache hat. Die Bibel verwendet häufig Metaphern, insbesondere Jesus selbst. Meistens sind sie leicht zu erkennen. Jesus sagt:»Ich bin die Tür, wer durch mich eingeht, wird das ewige Leben haben« (Joh 10,9). Wie ist das zu verstehen? Bedeutet das, dass Jesus statt Haut ein Holzfurnier hat und statt Armen nur Türangeln? Solche Folgerungen sind natürlich absurd. Jesus benutzt hier das Verb »ich bin« metaphorisch.

Aber was meinte er, als er beim Abendmahl sagte:»Dies ist mein Leib« (Lk 22,19)? Hat das Brot seinen Leib metaphorisch repräsentiert? Oder wurde es tatsächlich und »buchstäblich« zu seinem Leib? In diesem Fall ist es nicht so offensichtlich, ob eine rhetorische Figur vorliegt. Unterschiedliche literarische Analysen haben zu schwerwiegenden Kirchenspaltungen wegen der Abendmahlsfrage geführt. Eines der wenigen Themen, über die sich Calvin und Luther nie einig werden konnten, war die Bedeutung dieser Worte Jesu. Bei einer Begebenheit, als die Vertreter Calvins mit den Anhängern Luthers diskutierten, wiederholte Luther in einem fort:»*Hoc est corpus meum; hoc est corpus meum* ...« (dies ist mein Leib ...) Wenn Luther und Calvin sich einig gewesen wären, *was* die Bibel hier tatsächlich sagt, hätten sie sich aufgrund ihrer beider Überzeugung von der Autorität der Schrift dieser einen richtigen Auslegung unterworfen.

Die klassische Methode, mit der man die tatsächliche Aussage der Bibel ermittelt, besteht also darin, dass man zu verstehen versucht, was die verschiedenen rhetorischen Mittel und Stilfiguren im Bibeltext besagen sollen. Dies wird nicht mit der Absicht getan, die Aussagen der Schrift abzuschwächen oder zu relativieren, sondern um sie korrekt zu verstehen, damit sie so effektiv wie möglich als Richtlinie für Glauben und Praxis des Volkes Gottes dient.

Die mittelalterliche Quadriga

Obwohl Luther nicht als Erster betonte, wie wichtig es ist, die tatsächliche Bedeutung der Schrift zu ermitteln, versetzt er der damals vorherrschenden Interpretationsmethode, der so genannten Quadriga, den größten Schlag. *Quadriga sensuum* heißt »vierfacher (Schrift-) Sinn« und bezeichnete die Schriftauslegung auf vier verschiedenen Ebenen, die schon in der frühen Kirchengeschichte wurzelte. Angefangen mit den Werken von Klemens und Origenes findet man nicht selten Bibelkommentare, die mit dieser fantasiereichen Methode an die Schrift herangingen und bei der Auslegung ständig allegorisierten. Im Mittelalter war die vierfache Auslegung gang und gäbe. Diese Methode ging davon aus, dass bei jedem Bibeltext vier Bedeutungsebenen ermittelt werden müssten: der wörtliche, der moralische, der allegorische und der anagogische Sinn.

Die wörtliche Schriftauslegung war definiert als die klare und offensichtliche Aussage des Textes. Die moralische Bedeutung war die daraus abgeleitete Lehre für das praktische Leben. Der allegorische Sinn offenbarte die Glaubensinhalte und der anagogische drückte die Zukunftshoffnung aus. War in einer Schriftstelle beispielsweise von »Jerusalem« die Rede, hatte das vier Bedeutungen: Der wörtliche Sinn meinte die Hauptstadt Israels und das Zentralheiligtum des Volkes. Die moralische Bedeutung Jerusalems sei die Seele des Menschen (sein »Zentralheiligtum«). Die allegorische Bedeutung von Jerusalem sei die Gemeinde (das Zentrum der christlichen Gemeinschaft). Und die anagogische Bedeutung sei der Himmel (die letztendliche Zukunftshoffnung des Volkes Gottes). Eine einzige Erwähnung von Jerusalem hätte demnach also vier verschiedene Auslegungen zugleich. Wenn die Bibel berichtet, dass jemand »nach Jerusalem hinauf geht«, dann hieße das, dass jemand tatsächlich zum irdischen Jerusalem gereist ist, oder dass die Seele »aufstieg« zu moralischer Vortrefflichkeit, oder dass wir zur Kirche gehen sollten, oder dass wir eines Tages in den Himmel gehen werden.

Es ist erstaunlich, wie weit intelligente Menschen diese bizarre Auslegungsmethode getrieben haben. Sogar Augustinus und Thomas von Aquin, die ihre Theologie vorzugsweise auf den Literalsinn beschränkten, spekulierten oft wild mithilfe der Quadriga. Als Beispiel schaue man sich nur einmal Augustinus' allegorische Abhandlung über das Gleichnis vom barmherzigen Samariter an. Bei ihren Versuchen, unter die Oberfläche der eindeutigen Textaussage zu spähen, haben Schriftausleger sich alle erdenklichen Absonderlichkeiten ausgedacht. Luther protestierte gegen diese und auch andere Absurditäten, die der Schrift Gewalt antaten:

> Weil ich jung war, da war ich gelehrt, und sonderlich, ehe ich in die Theologia kam, da ging ich mit *allegoriis, tropologiis, analogiis* um und machte lauter Kunst. Wenns jetzt einer hätte, er hielts vor eitel Heiltum. Ich weiß, daß ein lauter Dreck ist, denn nun hab ichs fahren lassen, und dies ist meine letzte und beste Kunst: *tradere scripturam simplici sensu* [die Schrift weitergeben im einfachen Wortsinn]; denn *literalis sensus* [der buchstäbliche Sinn] der thuts. Da ist Leben, Trost, Kraft, Lehr und Kunst innen. Das ander ist Narrenwerk, wiewohl es noch gleißt. (D. Martin Luthers Werke, Kritische Gesamtausgabe, Tischreden, 5. Bd., Nr. 5285; Anm. d. Hrsg.)

Wenngleich Luther die vierfache Auslegung ablehnte, beschränkte er dadurch die Anwendung eines Abschnittes nicht auf einen einzigen Sinn. Auch wenn eine Bibelstelle nur eine einzige Bedeutung hat, kann sie doch viele Anwendungen für die weit gefächerten Aspekte und Situationen unseres Lebens haben. Ich kenne einen Professor, der seinen Seminarstudenten an ihrem ersten Vorlesungstag die Aufgabe gab, einen Vers aus dem Neuen Testament zu lesen und fünfzig Dinge zu notieren, die sie durch das Studium dieses einen Verses lernen konnten. Die Studenten arbeiteten bis tief in die Nacht und verglichen fieberhaft ihre Notizen, um den Anforderungen des Professors nachzukommen. Als sie am nächsten Tag wieder in der Vorlesung waren, würdigte der Professor ihre Arbeit und trug ihnen bis zum folgenden Tag fünfzig weitere Dinge aus demselben Abschnitt auf. Der Sinn der Übung war natürlich, den Studenten den Reichtum und die Tiefe der Wahrheiten, die in einer einzigen Schriftstelle gefunden werden können, zu verdeutlichen. Der Professor stellte eindrücklich heraus, dass die Anwendungen der Schrift äußerst vielfältig sind, auch wenn sie immer nur eine einzige Bedeutung hat.

Sowohl die »Analogie des Glaubens« (*analogia fidei*) als auch das Prinzip des Literalsinns (*sensus literalis*) sind notwendige

Schutzmaßnahmen vor wilden Spekulationen und rein subjektiven Interpretationen. Literalsinn bedeutet nicht, die ganze Bibel in ein starres Schema einer bloßen historischen Erzählung zu pressen. Vielmehr ist das Prinzip des Literalsinns eine Schutzmaßnahme, sowohl vor einem solchen bloß historischen Schema als auch davor, dass die Bibel uminterpretiert wird, indem man Schriftstellen eine bildliche Bedeutung zuspricht, obwohl sie nicht bildlich gemeint sind. Wir können die Bibel in beide Richtungen verzerren. Die eine Methode mag klüger als die andere erscheinen, ist aber nicht weniger verheerend.

Die grammatisch-historische Methode

Eng verwandt mit der »Analogie des Glaubens« und dem Literalsinn der Schrift ist die grammatisch-historische Auslegungsmethode. Wie der Name schon sagt, geht es bei dieser Methode nicht nur um literarische Formen, sondern um grammatische Strukturen und den historischen Kontext des Bibeltextes. Alle Texte haben irgendeine grammatische Struktur. Gedichte folgen ebenso bestimmten vorgegebenen Grammatikregeln wie Geschäftsbriefe. Wenn wir uns mit Texten befassen, ist es wichtig, den Unterschied zwischen einem direkten Objekt und einem prädikativen Nominativ oder prädikativen Adjektiv zu kennen. Aber nicht nur die Grammatik der eigenen Sprache muss man beherrschen, sondern es ist auch wichtig, die Besonderheiten der hebräischen und griechischen Grammatik zu kennen. Wenn zum Beispiel mehr Menschen etwas von griechischer Grammatik verstehen würden, hätten die Zeugen Jehovas Schwierigkeiten, ihre Interpretation von Johannes 1,1 an den Mann zu bringen, mit der sie die Gottheit Jesu leugnen.

Die grammatische Struktur bestimmt, ob Worte als Fragen verstanden werden sollen (interrogativ), als Gebot (imperativ) oder als Erklärung (indikativ). Wenn Jesus zum Beispiel sagt: »Ihr sollt meine Zeugen sein« (Apostelgeschichte 1,8), ist das dann als Voraussage für die Zukunft zu verstehen oder erteilt er einen Auftrag? Die deutsche Übersetzung ist nicht eindeutig. Aber die griechische Satzstruktur lässt keinen Zweifel daran, dass Jesus hier keine Voraussage trifft, sondern ein Gebot erteilt.

Auch andere Zweideutigkeiten der Sprache können durch gute Grammatikkenntnisse entwirrt und aufgeklärt werden. Zum Beispiel schreibt Paulus am Anfang des Römerbriefes, dass er als Apostel berufen ist, um das »Evangelium Gottes« zu verkündigen. Aber was bedeutet dieser Genitiv? Ist Gott als Inhalt des Evangeliums oder als dessen Urheber gemeint? Sollte man es im Sinne von »Evangelium über Gott« oder »Evangelium von Gott« verstehen? Die grammatische Analyse klärt, ob Paulus das Evangelium *über* Gott verkündigt, oder ob er ein Evangelium predigt, das *von* Gott kommt und Gott gehört. Das ist ein großer Unterschied, der nur durch die Grammatikanalyse erschlossen werden kann. In diesem Fall finden wir in der griechischen Satzkonstruktion einen besitzanzeigenden Genitiv, wodurch unsere Frage beantwortet ist.

Die historische Analyse erfordert eine Kenntnis des Handlungsortes und der Situation, in der das betreffende Bibelbuch geschrieben wurde. Das ist notwendig, um zu verstehen, was das Bibelbuch in seinem historischen Kontext bedeutet hat. Diese historische Analyse ist aber nicht nur nötig, sondern auch gefährlich. Auf die Gefahren werde ich später, in Kapitel 5 »Bibel und Kultur« eingehen. Notwendig ist die historische Analyse, weil wir die Botschaft des betreffenden Bibelbuches korrekt verstehen wollen. Wir müssen Verfasser, Zeit und Empfänger des Bibelbuchs kennen, um es klar zu verstehen. Wenn wir wissen, wer an wen, unter welchen Umständen und in welcher Epoche eine Botschaft gerichtet hat, werden wir weniger Schwierigkeiten haben, diese Botschaft zu verstehen.

Im Hebräerbrief beispielsweise gibt es viele schwierige und problematische Abschnitte. Diese Schwierigkeiten liegen zum Teil daran, dass wir nicht mit letzter Sicherheit wissen, wer dieses Buch geschrieben hat, wer die »Hebräer« – die Empfänger des Briefes – waren und, was am schwerwiegendsten ist, welcher Art die Irrlehre war, die die betreffenden Gemeinden bedrohte. Wenn eine oder mehrere dieser Fragen mit Sicherheit beantwortet werden könnten, könnten wir die besonderen Probleme des Hebräerbriefes weitgehend klären und beseitigen.

Quellenkritik

Die Methode der so genannten Quellenkritik kann in verschiedener Hinsicht hilfreich für das Bibelstudium sein. Wenn man davon ausgeht, dass das Markusevangelium als erstes Evangelium geschrieben wurde und dass Matthäus und Lukas es vorliegen hatten, als sie ihre Evangelien verfassten, können viele Entsprechungen zwischen den Evangelien erklärt werden. Wir sehen auch, dass sowohl Lukas als auch Matthäus einige Informationen dokumentiert haben, die wir bei Markus nicht finden. Lukas und Matthäus verfügten also offenbar über eine Quelle, die Markus nicht hatte oder nicht nutzte. Wenn wir mit diesen unseren Untersuchungen fortfahren, finden wir Informationen in Matthäus, die weder bei Markus noch Lukas vorkommen, und auch Lukas berichtet von Dingen, die wir in keinem anderen Evangelium finden. Wenn wir das Material, das wir ausschließlich bei Matthäus oder ausschließlich bei Lukas finden, isoliert betrachten, können wir feststellen, welche Prioritäten und Absichten sie mit ihrem Evangelium verfolgten. Wenn wir die besondere Absicht eines Autors kennen, hilft das beim Verstehen seiner Botschaft. Bei heutiger Literatur ist es üblicherweise wichtig, das Vorwort des Autors zu lesen, weil er dort gewöhnlich seine Ziele und Anliegen erklärt.

Mithilfe der Methoden der Quellenkritik können wir herausfinden, was für die jeweiligen Autoren charakteristisch ist. Beispielsweise finden wir beinahe alle im Neuen Testament verfügbaren Informationen über Josef, den Ziehvater Jesu, im Matthäusevangelium. Warum? Oder warum zitiert Matthäus viel öfter das Alte Testament als die anderen Evangelisten? Die Antwort liegt auf der Hand. Matthäus richtet sich an eine jüdische Leserschaft. Den Juden musste besonders gezeigt werden, dass Jesus der rechtmäßige Messias ist. Der rechtmäßige Vater Jesu war Josef, und deshalb war es für Matthäus besonders wichtig, die Abstammungslinie Jesu aufzuzeigen.

Mittels derselben Analyse stellen wir fest, dass Lukas sein Evangelium offenbar an eine weiter gefasste Leserschaft richtete und darauf bedacht war, insbesondere die Heiden anzusprechen. Er betont zum Beispiel die weltweite Gültigkeit des Evangeliums.

Autorschaft und Datierung

Auch die Frage nach dem Autor und der Abfassungszeit eines Textes ist wichtig für ein klares Verständnis. Da sich die Sprache von Generation zu Generation und von Ort zu Ort verändern kann, ist es wichtig, so genau wie möglich Ort und Abfassungsdatum eines Buches zu bestimmen. Aufgrund der Anwendung bestimmter Methoden haben das Datieren eines Bibelbuches und das Identifizieren seines Autors schon zu manchen theologischen Kontroversen geführt.

Wenn man an die Datierung strikt naturalistisch herangeht, werden prophetische Bibelbücher, die bestimmte Ereignisse voraussagen, so datiert, dass sie angeblich während des betreffenden Ereignisses verfasst wurden. Hier werden dem Buch also zu Unrecht außerbiblische und rein historische Kriterien auferlegt.

Urheberschaft und die Datierung hängen eng zusammen. Wenn wir wissen, wer ein bestimmtes Buch geschrieben hat und wann diese Person lebte, dann kennen wir natürlich die grobe Epoche, in der das Buch verfasst wurde. Deshalb diskutieren Gelehrte so viel darüber, wer Jesaja oder 2. Timotheus geschrieben hat. Wenn es Jesaja war, der das Buch Jesaja schrieb, dann enthält dieses Bibelbuch überwältigende Prophezeiungen weltpolitischer Vorgänge, und diese Prophezeiungen erfordern, in großer Anerkennung an Inspiration zu glauben. Wenn aber nicht Jesaja selbst das gesamte Buch, das seinen Namen trägt, geschrieben hat, dann wäre es berechtigt, an seiner Inspiration zu zweifeln.

Es ist geradezu amüsant, wie moderne Bibelkritiker mit den Paulusbriefen umgehen. Dem armen Paulus wurden nahezu alle seine Briefe zunächst weggenommen und dann zurückgegeben. Eine der unwissenschaftlichsten Methoden der Autorenkritik ist das Studium der Vorkommen von so genannten *hapax legomena* (griechisch für »[nur] einmal Gesagtes«). Ein *hapax legomenon* ist ein Wort, das nur einmal in einem einzigen Werk eines bestimmten Autors vorkommt und das er in seinen übrigen Schriften nirgends verwendet. Wenn wir beispielsweise im Epheserbrief 36 Worte finden, die sonst nirgends in den paulinischen Schriften vorkommen, dann könne man daraus angeblich schließen, dass der Epheserbrief nicht von Paulus geschrieben worden sei.

Wie töricht es ist, den *hapax legomena* so viel Bedeutung beizumessen, wurde mir klar, als ich auf die Schnelle Niederländisch lernen musste, um in den Niederlanden eine akademische Abschlussarbeit zu schreiben. Ich lernte Niederländisch mit der »induktiven Methode«. Mir wurde die Lektüre mehrerer theologischer Werke von G. C. Berkouwer aufgetragen. Ich begann mein Sprachstudium mit dem niederländischen Original seines Buches *Die Person Jesu Christi*. Ich fing auf der ersten Seite an, schaute das erste Wort im Wörterbuch nach, schrieb es auf die eine Seite einer Karteikarte und auf die andere Seite die Übersetzung des Wortes. So lernte ich nach und nach Berkouwers Wortschatz. Nachdem ich dieses Buch auf diese Weise Seite für Seite durchgearbeitet hatte, waren 6.000 Vokabelkärtchen beschrieben. Meine nächste Lektüre war Berkouwers Buch *Das Werk Jesu Christi*. In diesem Band fand ich 3.000 Wörter, die im ersten Buch nicht vorkamen. Das wäre also ein eindeutiger Beweis, dass *Das Werk Jesu Christi* nicht von Berkouwer stammt! Man beachte aber, dass Berkouwer *Das Werk Jesu Christi* nur ein Jahr nach Fertigstellung von *Die Person Jesu Christi* schrieb. Es ging um das gleiche Thema (Christologie) und der Autor richtete sich an dieselbe Leserschaft. Und doch gab es im zweiten Band Tausende von Worte, die im ersten Band nicht vorkamen.

Man bedenke zudem, dass der Umfang von Berkouwers erstem Band den Umfang des biblischen Gesamtwerkes von Paulus bei weitem übersteigt. Die Paulusbriefe sind viel kürzer. Sie richten sich an eine große und vielfältige Leserschaft, behandeln eine weite Spanne von Themen und Fragestellungen und wurden über einen langen Zeitraum geschrieben. Und dennoch machen Bibelkritiker einen großen Wirbel, wenn sie in einem Brief eine handvoll Worte finden, die sonst nirgends auftauchen. Wenn wir nicht davon ausgehen, dass Paulus den Wortschatz eines Sechsjährigen hatte oder literarisch absolut unbegabt war, sollten wir solchen wilden Spekulationen nur wenig Aufmerksamkeit schenken. Zusammenfassend halten wir fest: Gesunde Schriftauslegung erfordert ein sorgfältiges Analysieren der Grammatik und des historischen Hintergrundes des Bibeltextes. So viel Aufwand muss sein. Die historisch-kritische Theologie hat mit ihren Methoden zwar dazu beigetragen, unsere Kenntnisse von Sprache, Grammatik und historischen Hintergrund biblischer Texte zu verbessern. Aber die naturalistischen Grundannahmen vieler historisch-kritischer Theologen trüben ihr Werk. Mit einer gesunden Analyse können wir die spekulativen Behauptungen dieser Theologen zurückweisen.

Grammatische Fehler

Bevor wir zu den grundlegenden praktischen Auslegungsregeln kommen, möchte ich noch ein Problem bezüglich der Grammatik erwähnen. Eine genaue Analyse grammatischer Strukturen im Neuen Testament hat viel skeptisches Stirnrunzeln veranlasst, was die Inspiration der Bibel betrifft. Im Buch der Offenbarung finden wir beispielsweise einen Stil, dessen Grammatik ungeschliffen und unbeholfen ist. Wir bemerken eine Anzahl grammatischer »Fehler«. Dies hat einige dazu bewogen, die Inspiration oder auch die Irrtumslosigkeit der Schrift anzugreifen. Aber sowohl die Lehre von der Inspiration als auch von der Irrtumslosigkeit der Schrift lassen grammatische Fehler zu.

Die Bibel ist nicht im »Heiligen-Geist-Griechisch« geschrieben. Mit Inspiration haben rechtgläubige Protestanten niemals gemeint, dass der Heilige Geist die Worte und den Stil des menschlichen Autors diktiert habe, noch wurde der Autor als menschlicher Automat angesehen, der als völlig passives Geistmedium schreibt. Die Lehre von der Irrtumslosigkeit der Schrift wurde auch niemals so verstanden, dass sie grammatische Fehler ausschließe. Vielmehr soll sie die »vollkommene Wahrhaftigkeit« der Schrift ausdrücken. Als Luther sagte, dass die Schrift sich niemals irrt, meinte er damit, dass sie niemals irrt, was die Wahrheit betrifft, die sie verkündet. Dies lässt sich sehr schön anhand des Gesetzes über den Meineid veranschaulichen. Wenn ein Unschuldiger vor Gericht ein Schuldgeständnis ablegen soll und er antwortet:»Ich niemals jemanden umgebracht haben!«, dann kann er nicht des Meineids bezichtigt werden, nur weil seine Grammatik falsch war.

Die drei zentralen Prinzipien der Schriftauslegung sind Hilfen, die uns persönlich Gewinn bringen:

1. Die »*Analogie des Glaubens*« beachtet die Gesamtlehre der Bibel, damit wir nicht den Fehler begehen, eine bestimmte Auslegung einer einzelnen Schriftstelle zu Lasten der übrigen Schrift überzubetonen.
2. Der *Literalsinn* setzt unserer Fantasie Grenzen, damit wir uns nicht in spekulative Interpretationen verlieren, und er lädt uns dazu ein, literarische Stilmittel der Schrift sorgfältig zu analysieren.
3. Die *grammatisch-historische Methode* richtet unser Augenmerk auf die ursprüngliche Bedeutung des Textes, damit wir nicht unsere eigenen und anachronistischen (der Abfassungszeit zuwiderlaufenden) Vorstellungen »in die Schrift hineinlesen«.

Im nächsten Kapitel werden wir sehen, wie diese Prinzipien in der Praxis angewendet werden können.

Praktische Regeln
für die Bibelauslegung

In diesem Kapitel werde ich versuchen, die grundlegendsten und notwendigen praktischen Regeln der Bibelauslegung vorzustellen. Diese Regeln beruhen auf den Prinzipien, die in Kapitel 3 dargelegt wurden.

Regel 1: Lies die Bibel wie jedes andere Buch

Diese Regel steht zu Beginn, weil sie so wichtig ist. Sie wird aber leicht missverstanden. Wenn ich sage, wir müssen die Bibel wie jedes andere Buch lesen, dann meine ich nicht, dass die Bibel in jeder Hinsicht wie alle anderen Bücher ist. Ich glaube, dass die Bibel einzigartig inspiriert und unfehlbar ist, und das verleiht ihr einen einzigartigen Status. Aber bei ihrer Auslegung kommt keine Magie oder Mystik ins Spiel, durch die die Grundregeln der Interpretation von Literatur außer Kraft gesetzt würden. Diese Regel ist schlicht und einfach die Anwendung des Prinzips des Literalsinns. In der Bibel ist ein Verb ein Verb und ein Substantiv ein Substantiv, genau wie in jedem anderen Buch auch.

Aber wenn die Bibel ausgelegt werden soll wie jedes andere Buch, warum beten wir dann? Sollen wir nicht die Hilfe Gottes erbitten, wenn wir die Bibel auslegen? Wird uns nicht für dieses Buch – im Gegensatz zu anderen Büchern – Gottes Verstehenshilfe verheißen?

Was Gebet und Erleuchtung durch Gott betrifft, ist die Bibel tatsächlich anders als andere Bücher. Gebet ist enorm wichtig, um geistlich von der Bibel zu profitieren und ihre Botschaft auf unser Leben anzuwenden. Um die geistliche Bedeutung des Textes zu erkennen, müssen wir mit von Gott geschenktem Glauben an die Schrift herangehen. Aber um den Unterschied zwischen einem historischen Bericht und einer Metapher zu erkennen, ist Gebet keine große Hilfe – abgesehen davon, dass ernstliches Gebet erforderlich ist, damit Gott uns klare Gedanken und reine Herzen gibt, um unsere falschen Vorannahmen abzulegen. Die Heiligung des Herzens ist notwendig, damit unser Verstand frei wird für das, was die Heilige Schrift uns mitteilt. Wir sollten auch dafür beten, dass Gott uns hilft, unsere Neigung zur Nachlässigkeit zu überwinden, und dass er uns zu eifrigen Lesern und Erforschern der Bibel macht. Aber mystische Geistesblitze sind für die grundlegende Aufgabe der Exegese gewöhnlich nicht sehr hilfreich. Noch schlimmer ist die oft zu Unrecht als »geistlich« bezeichnete Methode der »Zufallstreffer« oder »Glückslosungen«.

»Glückslosungen« sind eine Methode des Bibelstudiums, bei der man um Gottes Führung betet und dann die Bibel an einer zufälligen Stelle aufschlägt. Mit geschlossenen Augen zeigt man mit dem Finger auf eine Seite und bekommt seine Antwort von Gott von der Stelle, auf der der Finger gelandet ist. Ich erinnere mich an eine gläubige junge Frau, die kurz vor dem Abschluss am College stand und einmal ganz begeistert zu mir kam. Sie litt unter der üblichen Torschlusspanik, weil sie bald das College verlassen würde, aber noch keinen künftigen Ehepartner gefunden hatte. Sie hatte anhaltend für einen Ehemann gebetet und schließlich wusste sie sich nicht anders zu helfen, als per »Glückslosung«, die sie für die Antwort Gottes hielt. Dabei landete ihr Finger auf Sacharja 9,9: »Frohlocke sehr, du Tochter Zion, jauchze, du Tochter Jerusalem! Siehe, dein König kommt zu dir, ein Gerechter und ein Retter ist er, demütig und reitet auf einem Esel, auf dem Füllen der Eselin.«

Mit diesem direkten »Wort Gottes« war das Mädchen sicher, dass sie schon auf dem Weg zum Standesamt und ihr Prinz bereits unterwegs war. Vielleicht kam er nicht auf einem stattlichen weißen Pferd, aber ein Esel kam dem ja schon recht nahe.

Das ist nicht die richtige Art und Weise, mit der Bibel umzugehen. Ich glaube nicht, dass Sacharja oder der Heilige Geist das im Sinn hatten, als diese Worte verfasst wurden. Mir ist es peinlich zu ergänzen, dass dieses Mädchen nur etwa eine Woche später einen Mann kennen lernte und ihn nach wenigen Monaten heiratete! Ich denke, dass dies eher an ihrer auf diesem Weg erlangten Freimütigkeit beim Flirten lag als daran, dass Gott das in einer Privatoffenbarung gegebene Versprechen erfüllt habe.

Regel 2: Lies die Bibel existenziell

Ich nenne diese Regel mit Furcht und Zittern. Sie könnte arg missverstanden werden und mehr zum Unheil als zur Hilfe dienen. Bevor ich definiere, was ich damit meine, möchte ich klar sagen, was ich nicht meine.

Ich meine nicht, dass wir die moderne »existentiale« Methode der Schriftauslegung anwenden sollen. Hierbei werden die Worte der Schrift aus dem historischen Kontext genommen und subjektiv angewendet. Z. B. wird die Hermeneutik des bibelkritischen Theologen Rudolf Bultmann als »existentiale Interpretation« bezeichnet. Dadurch wollte er so genannte »punktuelle« Offenbarungen erlangen. Nach Bultmann finde die Offenbarung nicht im Laufe der Geschichte statt, sondern in dem Moment der eigenen persönlichen Entscheidung. Gott spreche zu mir im »Hier und Jetzt« *(hic et nunc)*. Bei diesem Verständnis ist es eigentlich ohne Bedeutung, was in der Geschichte geschah. Ausschlaggebend ist die »Theologie der Zeitlosigkeit«. Vertreter dieser Denkrichtung sagen oft, dass es egal sei, ob Jesu wirklich gelebt habe und sein Leben eine geschichtliche Tatsache sei oder nicht. Das einzige, was zählt, sei die jetzige Botschaft für uns. Jesus kann dabei statt einer historischen Person auch einfach ein Symbol für Freiheit »bedeuten«.

Das Problem bei diesem Ansatz ist, dass es eben doch darauf ankommt, ob Jesus wahrhaft lebte, starb und auferstand. Paulus argumentiert in 1. Korinther 15: Wenn Jesus nicht auferstanden ist, »dann ist unser Glaube vergeblich«. Ohne eine reale historische Auferstehung stehen wir mit einem toten Retter und einem kraftlosen Evangelium da. Die frohe Botschaft würde statt mit

Leben mit dem Tod enden. Daher spreche ich mich auf keinen Fall für die relativistische, subjektivistische und anti-historische Auslegungsmethode der Existentialisten aus. Ich verwende den Begriff existentiell auf eine andere Art. Ich meine damit Folgendes: Wenn wir die Bibel lesen, sollen wir leidenschaftlich und ganz persönlich von der Lektüre betroffen sein. Ich meine das nicht nur in Bezug auf die persönliche Anwendung des Textes, sondern auch in Bezug auf das Verstehen dessen, was der Text einfach besagt und bedeutet. Ich möchte dazu aufrufen, dass wir beim Lesen der Bibel mit den Personen des jeweiligen Textes mitfühlen und »in ihre Haut schlüpfen«. Ein Großteil der biblischen Berichte ist untertrieben und oft erstaunlich kurz gefasst. Nehmen wir nur einmal die folgende Begebenheit:

> Aber die Söhne Aarons, Nadab und Abihu, nahmen ein jeder seine Räucherpfanne und taten Feuer hinein und legten Räucherwerk darauf und brachten fremdes Feuer vor den HERRN, das er ihnen nicht geboten hatte. Da ging Feuer aus von dem HERRN und verzehrte sie, dass sie starben vor dem HERRN. Da sprach Mose zu Aaron: Das hat der HERRN gemeint, als er sprach: Ich will geheiligt werden durch die, welche zu mir nahen, und geehrt werden vor allem Volk! Und Aaron schwieg still (3Mo 10,1-3).

Was passiert hier? Drei kurze Verse dokumentieren das Drama der Sünde und der anschließenden Hinrichtung der Söhne Aarons. Es wird wenig über die Reaktion Aarons gesagt. Wir lesen lediglich, dass Mose den Grund für das Gericht Gottes erklärte und dass Aaron schwieg. Was dachte Aaron, als er sah, wie seine Söhne weggerafft wurden? Können wir ein wenig zwischen den Zeilen lesen? Wenn er wie ich gewesen wäre, dann hätte er gedacht: »Was soll denn das? Also wirklich, Gott, ich habe dir jetzt schon so lange gedient, ich habe mein Leben für dich geopfert! Und du hast meine Söhne wegen eines kindlichen Streiches ausgerottet. Das ist nicht fair!« So hätte ich reagiert. Aber wenn ich so reagiert hätte und der Heilige Gott Israels hätte mich dann mit seinen Worten messerscharf daran erinnert, wie heilig der Altar ist und wie ernst der Priesterdienst ist, dann hätte auch ich schleunigst meinen Mund gehalten. Gott sagte: »Ich will geheiligt werden durch die, welche zu mir nahen, und geehrt werden vor allem Volk!« Darauf hätte ich nichts zu sagen gewagt.

Wenn wir versuchen, uns in die Charaktere zu versetzen, die uns in der Schrift beschrieben werden, können wir die Bibel besser verstehen. Wir sollten uns mit den Personen identifizieren und mit ihnen mitfühlen. Ein solches Lesen zwischen den Zeilen kann nicht als Teil des Schrifttextes betrachtet werden, aber es kann uns helfen, nachzuvollziehen und zu verstehen, was passiert.

Sören Kierkegard spekuliert in seinem Werk *Furcht und Zittern* über Abrahams Opferung von Isaak. Er fragt sich: »Warum hat Abraham seinen Sohn so früh morgens geopfert?« Er betrachtet den Text aus verschiedenen Gesichtspunkten und versucht sich an möglichen Antworten. Als er zum Ende kommt, fühlt sich der Leser, als wäre er mit Abraham auf den Berg Moriah und wieder zurück gegangen. Die Dramatik der Erzählung wird hervorragend eingefangen. Ich sage noch einmal: Diese Spekulationen fügen nichts zu der autoritativen Auslegung dessen bei, was in dem Text tatsächlich steht. Aber es hilft uns, den Text besser zu verstehen. Darum ist das »Lesen zwischen den Zeilen« ein legitimes Mittel bei der Auslegung und der Predigt.

Kierkegaards dramatische Behandlung der Abrahamsgeschichte wurde angeregt durch die Frage: »Warum tat Abraham das, was er tat?« Bei der Bibellektüre sind wir bisweilen irritiert oder sogar empört, insbesondere wenn wir von schweren Gerichtsschlägen Gottes lesen. Wir haben immer wieder mal den Eindruck, dass Gott grausame und unangemessene Strafen über sein Volk bringt. Viele dieser Probleme klären sich, wenn wir kurz innehalten und fragen: »Warum tut Gott das?« »Warum steht das in der Bibel?« Dadurch können wir die Vorurteile überwinden, die wir von Natur aus gegenüber Gott hegen.

Wenn ich mich über jemanden ärgere, fällt es mir schwer, ihm zuzuhören und seine Aussagen und sein Handeln zu verstehen. Wenn ich wütend bin, neige ich dazu, denjenigen, auf den ich wütend bin, im schlechtmöglichsten Licht zu interpretieren. Manche gehen mit einer solchen Einstellung an die Schrift heran. Wenn ich Vorträge über die Erwählung halte, wird stets und unausweichlich die Frage gestellt: »Meinen Sie, dass Gott uns willkürlich wie Marionetten behandelt?« Es beleidigt mich geradezu, dass jemand schlussfolgert, ich würde ein solches Gottesbild haben. Ich habe das weder gesagt noch beabsichtigt, einen solchen Eindruck zu erwecken. Und doch scheint der Gedanke jeglicher Souveränität Gottes so abstoßend zu sein, dass man ihn im denkbar schlechtesten Licht betrachtet.

Hier sehen wir uns einer verbreiteten menschlichen Neigung gegenüber, der wir alle schuldig sind: Wir tendieren dazu, die Taten und Worte von unliebsamen Personen ins schlechtmöglichste Licht zu stellen, aber unsere eigenen Unzulänglichkeiten betrachten wir im bestmöglichen Licht. Wenn mir jemand etwas Böses antut, dann reagiere ich, als sei der Übeltäter durch und durch verdorben. Wenn hingegen ich mich gegen jemanden versündige, dann ordne ich das als »kleinen Fehler« ein. Wir sind von Natur aus Feinde Gottes und müssen uns vor dieser Tendenz hüten, wenn wir mit seinem Wort umgehen.

In der heutigen Kontroverse über die Rolle der Frau in der Gemeinde musste der Apostel Paulus nachträglich etliche heftige Schläge einstecken. Ich habe Abhandlungen gelesen, die Paulus als Chauvinisten und erbitterten Frauenfeind darstellen. Manche haben deshalb einen solchen Hass gegen Paulus entwickelt, dass förmlich Gift aus ihren Stiften fließt und sie sich jedem Wort aus der Feder von Paulus verschließen. Wenn wir diese existentielle Methode des Mitfühlens anwenden, können wir Paulus persönlich und – was viel wichtiger ist – seine Lehre wahrscheinlich besser verstehen.

Adela Rogers St. John beschreibt einen fiktiven Mann, der die neutestamentlichen Briefe zum ersten Mal las. Um einen »jungfräulichen« Eindruck von diesen Schriften zu bekommen, ließ er seine Sekretärin alle diese Bibelbücher abtippen und als persönlichen Brief zu sich nach Hause schicken. Er las dann jeden Brief, als wäre er direkt an ihn gerichtet. Das ist die existentielle Methode in Reinkultur.

Regel 3: *Historische* Berichte müssen auf Grundlage *lehrmäßiger* Schriftstellen ausgelegt werden

Wir haben bereits die wesentlichen Merkmale historischer Texte untersucht. Bevor wir diese dritte Regel verstehen können, muss aber noch erklärt werden, was lehrmäßige bzw. »dogmatische« Texte sind. Der Begriff »dogmatisch« stammt von *dogma*, dem griechischen Wort für »Lehrsatz«. Dogmatische Texte lehren oder erklären. Viele der paulinischen Schriften haben diesen lehrmäßigen Charakter. Das Verhältnis zwischen den Evangelien und den Briefen wurde oft einfach so erklärt: Die Evangelien berichten, was Jesus tat, während die Briefe erklären, was seine Taten bedeuten. Das ist aber eine zu starke Vereinfachung, da die Evangelien genauso oft lehren und auslegen, wie berichten; und die Briefe sind eng mit den Reise- und Dienstberichten von Paulus verknüpft. Aber es stimmt, dass die Evangelien Handlungen und Ereignisse betonen, während die Briefe sich eher der Auslegung dieser Ereignisse widmen und vor allem lehren, ermahnen und zur Anwendung auffordern.

Da die Briefe mehr interpretieren und in der Reihenfolge der Bibel nach den Evangelien angeordnet sind, behielten die Reformatoren das Prinzip bei, dass die Briefe die Evangelien auslegen und nicht umgekehrt. Diese Regel ist nicht absolut, aber sie ist eine hilfreiche Faustregel. Die Abfolge in der Auslegung verwundert viele, weil die Evangelien nicht nur die Taten Jesu, sondern auch seine Lehren dokumentieren. Bedeutet das also nicht, dass man den Lehren und Worten Jesu weniger Autorität zubilligt als denen der Apostel? Das ist sicher nicht der Zweck dieses Prinzips. Die Reformatoren haben weder den Briefen eine Autorität über die Evangelien noch den Evangelien eine Autorität über die Briefe zugesprochen. Vielmehr haben die Evangelien und Briefe die gleiche Autorität, auch wenn es Unterschiede in der Abfolge der Auslegung geben mag.

Seitdem das Vertrauen in die Autorität der Bibel untergraben wurde, ist es modern geworden, die Autorität Jesu gegen die Autorität der Briefe auszuspielen, besonders was die Paulusbriefe betrifft. In manchen Bibelausgaben sind sogar die direkten Worte

Jesu in Rot gedruckt, und besondere Liebhaber dieser Bibellesart werden »Red-Letter-Christians« (»Rote-Buchstaben-Christen«) genannt. Aber solchen Leuten ist anscheinend nicht klar, dass sie dadurch weniger Jesus gegen Paulus ausspielen als vielmehr einen Apostel gegen den anderen. Wir müssen bedenken, dass Jesus selbst keinen Teil des Neuen Testamentes verfasst hat, und dass wir von den Zeugnissen der Apostel abhängig sind, wenn wir wissen möchten, was Jesus getan und gesagt hat.

Vor kurzem traf ich einen guten Freund aus meiner College-Zeit wieder. Wir hatten uns fast zwölf Jahre nicht gesehen und redeten eine Weile, um uns auf den aktuellen Stand der Dinge zu bringen. Im Laufe der Unterhaltung erzählte er mir, wie er seine Meinung zu vielen Themen verändert hatte. Er erwähnte besonders, wie sich seine Sicht vom Wesen und von der Autorität der Heiligen Schrift gewandelt hatte. Er sagte, dass er nicht mehr an die Inspiration der Bibel glaubt und lehnte einige ihrer Lehren ab, vor allem die Lehren, die wir in den Paulusbriefen finden.

Ich fragte ihn, welche Meinungen er denn beibehalten hatte. Er antwortete:»Ich glaube immer noch, dass Jesus mein Herr und Retter ist.«

»Und wie übt Jesus die Herrschaft über dein Leben aus?«, fragte ich freundlich. Er verstand nicht gleich, worauf ich hinaus wollte, also drückte ich meine Frage etwas anders aus. Ich fragte ihn, wie Jesus ihm mitteile, wie man mit ihm als Retter und Herrn lebt:»Jesus hat gesagt: ›Wenn ihr mich liebt, dann haltet meine Gebote.‹ Offenbar liebst du ihn immer noch und willst ihm gehorchen. Aber woher weißt du, was seine Gebote sind? Wenn Paulus den Willen Jesu nicht korrekt kommuniziert hat und die anderen Apostel sich ebenso irren, wie erkennst du dann den Willen deines Herrn?«

Er zögerte einen Augenblick und antwortete schließlich:»In der Entscheidung der Gemeinde, wenn sie sich zur Konzilssitzung trifft.«

Ich bemühte mich nicht herauszufinden welche Gemeinde oder welches Konzil er meinte. Ich wies nur darauf hin, dass es vielleicht an der Zeit ist, noch einmal auf Luther vor dem Reichstag zu Worms zu sprechen zu kommen (wo Luther sagte: »Ich glaube weder dem Papst noch den Konzilien allein, dieweil es am Tag ist, dass sie öfters geirrt und sich selbst widersprochen haben.«). Viele Protestanten haben vergessen, wogegen sie eigentlich protestieren und sind so weit, dass sie kirchliche Entscheidungen über die Autorität der Apostel erheben. Wenn das passiert, steht das Christentum auf dem Kopf. Wenn wir den Autoren der Evangelien auch nur ansatzweise vertrauen, sollten wir ihnen zumindest abnehmen, dass Jesus die Propheten und Apostel als Grundfeste der Gemeinde bezeichnet hat. Nach Auffassung meines Freundes war diese Grundfeste zerstört und an ihrer Stelle eine neue gelegt worden: die jeweils gerade aktuelle Meinung der Gemeindeleiter.

Wenn Paulus und Petrus und die anderen Autoren des Neuen Testamentes ihre apostolische Autorität von Jesus selbst bekommen haben, wie können wir sie und ihre Lehre kritisieren und doch behaupten, dass wir Christus folgen? Das ist dasselbe Thema, weswegen Jesus mit den Pharisäern haderte. Sie behaupteten, Gott zu ehren, während sie den Einen, den Gott gesandt und bestätigt hatte, verachteten. Sie beanspruchten, Kinder Abrahams zu sein, während sie den Einen verfluchten, auf den Abraham sich freute. Sie beriefen sich auf die Autorität Moses, während sie den Einen ablehnten, den Mose bezeugte.

Irenäus von Lyon warf den Gnostikern der Frühkirche denselben Punkt vor. Sie griffen die Autorität der Apostel an. Er sagte: »Wenn ihr den Aposteln nicht glaubt, dann könnt ihr Gott nicht gehorchen, denn wenn ihr die Apostel ablehnt, dann lehnt ihr den Einen ab, der sie gesandt hat (Jesus). Und wenn ihr den Einen ablehnt, der die Apostel sandte, dann lehnt ihr auch den ab, der Jesus sandte (Gott, den Vater).« Mit seinem Argument gegen die Gnostiker führte Irenäus also lediglich das Argument Jesu gegen die Pharisäer einen Schritt weiter.

Das Prinzip, Erzählberichte auf Grundlage lehrmäßiger Schriftaussagen zu interpretieren, bedeutet also nicht, einen Apostel gegen den anderen auszuspielen oder die Apostel über Christus zu stellen. Es verlangt nur, dass wir eine wesentliche Aufgabe der Apostel anerkennen: die Worte und Werke Jesu Christi dem Volk Gottes zu vermitteln und zu erklären.

Diese Regel ist vor allem deshalb so wichtig, weil sie uns davor warnt, zu viele Schlussfolgerungen aus bloßen Ereignisberichten zu ziehen. Können wir wirklich mittels einer Analyse der Taten Jesu eine christliche Verhaltenslehre (Ethik) herleiten? Wenn ein Christ sich in einer schwierigen Situation befindet, wird ihm häufig geraten sich zu fragen: Was würde Jesus in dieser Situation tun? Diese Frage ist nicht immer weise. Eine bessere Frage wäre: Was ist Jesu Wille, wie ich mich in dieser Situation verhalten soll?

Warum ist es problematisch, wenn wir versuchen unser Leben einfach nach dem zu gestalten, was Jesus tat? Wenn wir versuchen, unser Leben genau nach Jesu Vorbild zu führen, können wir in verschiedener Hinsicht Probleme bekommen. Erstens ist unsere Aufgabe als gehorsame Kinder Gottes nicht genau dieselbe, wie es die Mission Jesu war. Ich bin nicht in diese Welt gesandt, um für die Sünden von Menschen zu sterben. Ich kann nicht wie Jesus über alles mit absoluter Autorität sprechen. Ich kann nicht mit der Peitsche in die Kirche gehen und die korrupten Geistlichen hinaustreiben. Ich bin nicht der Herr der Gemeinde.

Zweitens – was vielleicht nicht so auf der Hand liegt –, lebte Jesus während einer anderen Epoche der Heilsgeschichte als wir. Er musste alle Gesetze des Alten Testamentes erfüllen, einschließlich der Zeremonialgesetze und Speisevorschriften. Jesus war dem Vater vollkommen gehorsam, als er aufgrund der alttestamtlichen Ordnung beschnitten wurde. Wenn ich mich beschneiden lasse – wobei ich nicht aus Gesundheitsgründen oder wegen der Hygiene meine, sondern als formalen religiösen Ritus –, dann verwerfe ich durch diesen Ritus das abgeschlossene Werk Christi und bringe mich selbst wieder unter den Fluch des alttestamentlichen Gesetzes. Anders gesagt: Wir könnten uns schlimm versündigen, wenn wir versuchen, Jesus exakt zu imitieren. Hier sind die Lehrbriefe sehr wichtig. Sie rufen uns in mancherlei Hinsicht auf, Jesus nachzuahmen. Aber sie helfen uns zu unterscheiden, in welchen Punkten wir ihm nacheifern sollten, und in welchen nicht.

Wenn wir das Leben Jesu einfach zu kopieren versuchen, kann sich noch ein drittes Problem ergeben: dass wir ganz unterschwellig das Erlaubte mit dem Gebotenen verwechseln. Zum Beispiel kenne ich Gläubige, die es als Christenpflicht verordnen, am Sabbat Krankenbesuche zu machen. Sie argumentieren: Jesus tat das am Sabbat, also müssen wir das auch tun. Aber der Knackpunkt ist: Jesus kümmerte sich am Sabbat um Kranke, um zu zeigen, dass solche Werke den Sabbat nicht brechen, sondern gut sind. Aber Jesus gebietet uns nirgends, am Sabbat unbedingt Kranke zu besuchen. Sein Vorbild macht klar, dass man das tun *darf*, aber man *muss* es nicht unbedingt tun. Er fordert uns auf, die Kranken zu besuchen, aber er legt nirgends fest, an welchem Wochentag diese Besuche stattzufinden haben. Dass Jesus nicht geheiratet hat, zeigt, dass Ehelosigkeit gut ist. Aber seine Ehelosigkeit gebietet nicht, dass die Ehe pauschal abgelehnt werden sollte. Das machen die Lehrbriefe unmissverständlich klar.

Es gibt noch eine weitere ernste Problematik, wenn wir zu viele Folgerungen aus den Erzählungen ziehen. Die Bibel berichtet uns nicht nur von den Tugenden der Heiligen, sondern auch von ihren Lastern. Ihre Lebensbilder werden uns ganz ungeschminkt präsentiert. Wir müssen darauf bedacht sein, nicht ihre Marotten zu übernehmen. Natürlich können wir viel von David oder Paulus lernen, wenn wir ihr Lebensbild studieren. Schließlich waren sie Männer, die Gott sehr geheiligt hat. Aber sollten wir den Ehebruch Davids nachahmen oder die Betrügereien Jakobs? Gott bewahre!

Aus Erzählungen kann man außer Charaktereigenschaften und ethischen Richtlinien auch Lehren ableiten, was allerdings ebenfalls nicht unproblematisch ist. Beispielsweise wird Abraham in der Opferungsgeschichte Isaaks auf dem Berg Moriah in letzter Sekunde von einem Engel Gottes gestoppt, der ruft:

Abraham! Abraham! Und er antwortete: Siehe, hier bin ich! Er sprach: Lege deine Hand nicht an den Knaben und tue ihm nichts; denn nun weiß ich, dass du Gott fürchtest und hast deinen einzigen Sohn nicht verschont um meinetwillen! (1Mo 22,11-12).

Man beachte die Worte: »Nun weiß ich …« Wusste Gott nicht schon im Voraus, was Abraham tun würde? Saß er sorgenvoll im

Himmel und wartete ab, was bei der Versuchung Abrahams wohl herauskommen würde? Lief er unruhig in seinen himmlischen Gemächern auf und ab und verlangte von den Engeln Meldung über den aktuellen Stand des Dramas? Natürlich nicht. Die lehrmäßigen Teile der Bibel verbieten diese Folgerungen. Aber wenn wir unser Gottesbild ausschließlich aus solchen Erzählungen ableiteten würden, müssten wir daraus schließen, dass Gott selbst »immerdar lernt und doch nie zur Erkenntnis der Wahrheit kommt«. Eine Lehre nur anhand von Erzählungen zu begründen, ist eine gefährliche Angelegenheit. Es macht mich traurig sagen zu müssen, dass die heutige gängige evangelikale Theologie eine ausgesprochene Neigung zu dieser Unart hat. Wir müssen uns hüten, dieser Neigung nachzugeben.

Das Problem der phänomenologischen Sprache in historischen Erzählungen

Die Bibel ist in menschlicher Sprache geschrieben. Da wir Menschen sind, ist das die einzige Sprache, die wir verstehen. Die Grenzen der menschlichen Sprache werden in der Bibel immer wieder deutlich. Darüber sind schon viele Bücher und Artikel geschrieben worden. Skeptiker sind bisweilen aber so weit gegangen zu behaupten, dass die menschliche Sprache gänzlich unzureichend sei, um Gottes Wahrheit auszudrücken. Diese Skepsis ist bestenfalls unberechtigt und schlimmstenfalls reiner Spott. Unsere Sprache mag unvollkommen sein, aber sie ist hinreichend.

Nichtsdestotrotz werden ihre Grenzen besonders bei der so genannten phänomenologischen Ausdrucksweise offenbar. Phänomenologische Ausdrucksweisen sind Formulierungen, die Dinge so beschreiben, wie sie dem Augeschein nach sind, z. B. dass die »Sonne untergeht«, obwohl ja genau genommen die Sonne still steht und die Erde sich dreht. Wenn biblische Schreiber die Welt, in der sie leben, beschreiben, dann gehen sie vom äußeren Schein aus und nicht von einem wissenschaftlichen oder technischen Standpunkt.

Unsäglich viele Diskussionen gab es darüber, ob die Bibel lehrt, die Erde sei das Zentrum, um das sich die Sonne drehe – anstatt umgekehrt. Denken wir nur an Galileo, der exkommuniziert wurde, weil er lehrte, dass die Sonne das Zentrum ist, um das sich die Erde dreht, und dass folglich nicht die Erde im Mittelpunkt steht, wie die Kirche es sah. Die Kontroverse um Galileo führte zu einer großen Krise, was die Glaubwürdigkeit der Schrift betrifft – und das, obwohl es keine einzige dogmatische Schriftstelle gibt, die lehrt, dass die Erde das Zentrum des Sonnensystems sei. Natürlich wird aber in erzählerischen Bibeltexten beschrieben, dass die Sonne am Himmel ihre Bahn zieht. So kam es den Menschen damals vor und so sieht es für uns auch heute noch aus.

Ich finde es ziemlich amüsant, wie in unserer wissenschaftlichen Welt heute Fachbegriffe mit phänomenologischer Sprache vermischt werden. Man denke nur an die allabendliche Wettervorhersage. In unserem Programm ist es nicht mehr bloß ein Wetterbericht, sondern ein meteorologischer Fachvortrag. In diesem Vortrag werde ich vom Meteorologen mit Tabellen und Karten beeindruckt und mit Fachausdrücken konfrontiert. Da hört man von Hochdruckgebieten und aeronautischen Störungen und Wirbeln. Ich erfahre die Windgeschwindigkeit und den Luftdruck. Die Klimadaten für den nächsten Tag werden präzise mit kompliziert berechneten Wahrscheinlichkeitswerten vorausgesagt. Und am Ende des Berichts sagt der Sprecher: Sonnenaufgang morgen früh um 6:45 Uhr. Ich bin perplex. Soll ich den Fernsehsender anrufen und mich beschweren, weil hier ein himmelschreiender Versuch unternommen wurde, die mittelalterliche Lehre von der Zentralität der Erde wieder einzuführen? Soll ich den Wettermann wegen Betrug und Falschinformation anklagen, weil er sagt, dass die Sonne aufgeht? Wenn wir sagen, dass die Sonne auf- oder untergeht, dann drücken wir es so aus, wie es uns erscheint, und niemand nennt uns Lügner. Aber können wir uns vorstellen, Geschichten aus 2. Chronik zu lesen, die Klimaerläuterungen mit Luftdruckangabe und Eintrittswahrscheinlichkeiten enthalten? Wenn wir die biblischen Geschichten so lesen, als wären sie wissenschaftliche Lehrbücher, dann entstehen große Probleme.

Das heißt nicht, dass es keine dogmatischen Schriftstellen gäbe, die die Wissenschaft beträfen. Solche gibt es und sie widersprechen oft den gängigen Theorien der atheistischen Psychologie, Biologie und Evolutionslehre. Aber viele andere Probleme würden sich erst gar nicht stellen, wenn wir beachten, dass Erzählungen sich oft phänomenologischer Sprache bedienen.

Regel 4: Implizite Aussagen müssen mithilfe expliziter Schriftstellen erklärt werden

In der Sprachwissenschaft unterscheiden wir zwischen expliziten (ausdrücklichen, direkten) und impliziten (indirekt zu erschließenden) Aussagen. Manchmal ist die Unterscheidung schwierig. Aber normalerweise kann man ohne weiteres feststellen und unterscheiden, ob etwas tatsächlich ausdrücklich gesagt wurde oder etwas gemeint war, das nicht direkt formuliert wurde. Ich bin überzeugt, dass ein Großteil der Lehrunterschiede, die Christen trennen, ausgeräumt werden könnten, wenn wir uns an diese Regel hielten. Nur allzu leicht ist man unachtsam und verwechselt das Implizite mit dem Expliziten.

Ich habe viele Artikel zu der Aussage gelesen, dass Engel geschlechtslos seien. Aber wo steht geschrieben, dass Engel weder männlich noch weiblich sind? Als Belegstelle wird immer wieder Markus 12,25 angeführt. Hier sagt Jesus, dass im Himmel nicht mehr geheiratet wird, sondern dass wir sein werden wie die Engel. Das impliziert, dass Engel nicht heiraten, aber beinhaltet das auch, dass Engel geschlechtslos sind? Heißt das, dass wir im Himmel geschlechtslos sein werden? Es kann durchaus sein, dass die Engel kein Geschlecht haben und deshalb nicht heiraten. Aber das steht nicht in der Bibel. Wäre nicht denkbar, dass Engel aus einem anderen Grund nicht heiraten? Die Annahme, dass Engel geschlechtslos sind, ist eine *mögliche*, aber nicht *notwendige* Folgerung aus dem Text. Die biblische Lehre von der Natur des Menschen legt nahe, dass unsere Geschlechtlichkeit erlöst, aber nicht abgeschafft wird.

Ein anderes Beispiel dafür, wie man leichtfertig implizite Aussagen ableitet, ist die Frage nach der Beschaffenheit des Leibes

Jesu nach seiner Auferstehung. Ich habe Beschreibungen seines verherrlichten Leibes gelesen, die davon ausgehen, dass der Herrlichkeitsleib sich ungehindert durch feste Objekte wie Wände und Türen bewegen könnte. Als biblische Belegstelle wird Johannes 20,19 angeführt:

Am Abend aber desselben ersten Tages der Woche, da die Jünger versammelt und die Türen verschlossen waren aus Furcht vor den Juden, kam Jesus und trat mitten ein und spricht zu ihnen: Friede sei mit euch!

Man lese sorgfältig alle Worte dieses Verses. Steht da, dass Jesus sich durch die Tür oder Wand »beamte«? Nein, da steht, dass die Tür verschlossen war und dass Jesus kam und in ihre Mitte trat. Warum erwähnt der Autor, dass die Tür verschlossen war? Vielleicht um anzudeuten, auf welch erstaunliche Art Jesus dort auftauchte. Aber vielleicht auch um zu betonen, dass die Jünger Angst vor den Juden hatten. Ist es nicht möglich, dass Jesus zu seinen ängstlichen Jüngern kam, die sich hinter verschlossenen Türen verbargen, die Tür öffnete, hineinging und zu ihnen sprach? *Vielleicht* kam Jesus tatsächlich durch die verschlossene Tür. Aber das steht nicht im Text. Auf Grundlage dieses Textes eine Theorie über Jesu Auferstehungsleib zu konstruieren, führt zu unberechtigten Spekulationen und schlampiger Exegese.

Dass in einen Text durch Implikationen zu viel hineingelesen werden kann, ist klar. Das passiert so schnell, dass selbst die sorgfältigsten Theologen diesen Fehler begehen. Eines der präzisesten Glaubensbekenntnisse, das jemals geschrieben wurde, ist das Westminster-Bekenntnis. Die Sorgfalt und Vorsicht, mit der die Westminster-Theologen bei der Formulierung dieses Textes vorgegangen sind, ist außerordentlich. Und doch gibt es im Original dieses Dokuments ein offenkundiges Beispiel dafür, dass sie durch eine Implikation zu viel in einen Bibelvers hineininterpretierten. Das Bekenntnis sagt, dass wir nach 1. Johannes 5,16 nicht für Menschen beten sollen, die die »Sünde zum Tod« begangen haben. Dort steht: »So jemand sieht seinen Bruder sündigen eine Sünde nicht zum Tode, der mag bitten; so wird er geben das Le-

ben denen, die da sündigen nicht zum Tode. Es gibt eine Sünde
zum Tode; für die sage ich nicht, dass jemand bitte.«

In diesem Text fordert Johannes seine Leser auf, für Glaubens-
geschwister zu beten, die nicht die Sünde zum Tode begangen
haben. Er verbietet aber nicht, für diejenigen zu beten, die diese
Sünde doch begangen haben. Er sagt:»Ich sagte nicht, dass jemand bitte.« Das ist etwas anderes, als wenn er sagen würde:»Ich
sage, dass ihr nicht für sie bitten sollt.« Die erstere Aussage ist
die Verneinung eines Gebots, die letztere wäre ein ausdrückliches
Verbot. Wenn also sogar studierte Theologen mit einer Implikation falsch liegen können, sogar wenn sie feierlich zusammenkom-
men, um eine gemeinschaftliche Exegese für ein Bekenntnis vor-
zunehmen, wie viel vorsichtiger sollten wir dann sein, wenn wir im
persönlichen Bibelstudium einen Text auslegen!

Wir haben aber nicht nur Probleme, wenn wir zu viele Implikationen aus der Schrift ableiten, sondern auch, wenn die Implikationen dem widersprechen, was ausdrücklich gelehrt wird. Wenn
eine Implikation im Gegensatz zu dem steht, was explizit ausgesagt wird, dann muss die Implikation abgelehnt werden.

In der klassischen Debatte zwischen Calvinisten (sie lehren:
»die Errettung hängt letztlich von der Erwählung durch Gott
ab«) und Arminianern (sie lehren:»die Errettung hängt letztlich
vom freien Willen des Menschen ab«; Anm. d. Hrsg.) geht es
auch oft um unberechtigte Implikationen. Ohne uns jetzt tiefer
mit dieser Diskussion zu beschäftigen, soll das Problem falscher impliziter Schlussfolgerungen an einem dieser Streitpunkte
veranschaulicht werden. Bei der Streitfrage, ob der Sünder ohne
das Eingreifen Gottes in der Lage ist, sich Christus zuzuwen-
den, behaupten viele Arminianer, dass der Mensch von Natur
aus fähig sei, sich zu Christus zu bekehren. Unzählige Stellen
werden in dieser Debatte angeführt wie z. B.»… alle, die an ihn
glauben, haben das ewige Leben« (Joh 3,15 nach Luther). Wenn
die Bibel sagt»alle, die glauben«, beinhaltet das dann nicht implizit, dass jeder von sich aus glauben und zu Christus kommen
kann? Besagt das»alle« nicht implizit, dass alle Menschen auf
der ganzen Welt dazu imstande sind? Eine solche Implikation
wäre bei solchen Schriftstellen zwar denkbar, aber sie muss ab-

gelehnt werden, wenn sie einer ausdrücklichen Lehre der Schrift widerspricht. Als Fallbeispiel für unberechtigte Implikationen wollen wir diese Schriftstelle einmal näher betrachten. Bei dieser Analyse wollen wir uns auf das beschränken, was tatsächlich und explizit gesagt wird:»Alle, die glauben, haben ewiges Leben.«Dieser Vers lehrt explizit, dass all jene, die zu der Gruppe der Gläubigen (A) gehören, auch in der Gruppe derer sein werden, die ewiges Leben haben (B). Alle in A werden auch in B sein. Aber was sagt der Vers über die Gläubigen aus? Wer ist es, der zu Gruppe A gehört? Darüber sagt der Vers absolut nichts. Er sagt nichts darüber, was zum Glauben nötig ist oder darüber, wer glauben wird und wer nicht. An anderer Stelle der Schrift lesen wir:»Niemand kann zu mir kommen, es sei ihm denn von meinem Vater gegeben!« (Joh 6,65; vgl. 6,44). Dieser Vers sagt etwas Explizites darüber aus, ob alle Menschen fähig sind, zu Christus zu kommen. Seine Aussage ist eine allgemeingültige Verneinung mit Nennung einer Ausnahme:»Niemand ... außer ...«. Das heißt: Diese Schriftstelle besagt klar und deutlich, dass niemand zu Christus kommen kann (fähig dazu ist). Die Ausnahme lautet: ... *es sei denn*, es ist ihm vom Vater gegeben. Dieser Vers lehrt explizit, dass eine notwendige Voraussetzung erfüllt sein muss, damit jemand zu Christus kommen kann. Diese Voraussetzung ist, dass es ihm»vom Vater gegeben ist«. Ich sage noch einmal: Ich möchte nicht die Kontroverse zwischen Calvinisten und Arminianern klären, sondern nur aufzeigen, dass in diesem Fall eine unberechtigte Implikation aus Johannes 3,15 nicht die explizite Lehre von Johannes 6,65 auflösen kann.

Auch Implikationen aus relativierenden Aussagen sind problematisch. Eine bekannte Stelle aus dem 1. Korintherbrief hat viele ins Schleudern gebracht. Paulus sagt über die Tugenden der Ehelosigkeit und der Ehe:»Wer seine Jungfrau heiratet, handelt gut, und wer sie nicht heiratet, wird besser handeln« (1Kor 7,38). Oft wird behauptet, Paulus spreche sich gegen die Ehe aus oder bezeichne die Ehe als schlecht. Sagt er das hier wirklich? Offensichtlich nicht. Er vergleicht nicht zwischen gut und schlecht, sondern zwischen gut und besser. Wenn man sagt, dass eine Sache besser ist als eine andere, impliziert das nicht, dass die andere übel ist. »Gut« ist relativ und es gibt Abstufungen davon. Das gleiche Problem von relativen Aussagen kam beim Thema Zungenreden auf. Paulus sagt:

> Wer in Zungen redet, erbaut sich selbst; wer aber weissagt, erbaut die Gemeinde. Ich wünschte, dass ihr alle in Zungen redetet, noch viel mehr aber, dass ihr weissagen könntet. Denn wer weissagt, ist größer, als wer in Zungen redet; es sei denn, dass er es auslege, damit die Gemeinde Erbauung empfange (1Kor 14,4-5).

Beide Seiten der »Zungendiskussion« haben diese Stelle verdreht. Die Gegner der modernen Zungenrede hören Paulus hier sagen, dass Prophetie gut und Zungenrede schlecht sei. Aber sie sehen nicht, dass Paulus eine Relation zwischen gut und besser macht. Manche Befürworter der modernen Zungenrede meinen hingegen, dass sie wichtiger sei als Prophetie.

Mit der Regel, dass Implizites durch Explizites auszulegen ist, hängt noch eine weitere Regel eng zusammen: Unklares muss im Licht des Eindeutigen ausgelegt werden. Wenn wir umgekehrt das Eindeutige im Licht des Unklaren auslegen, dann driften wir in eine Art esoterische Auslegung ab, die unweigerlich sektiererisch ist. Sorgfalt ist das höchste Gebot und die grundlegendste Regel. Wenn wir sorgfältig lesen, was tatsächlich im Text steht, dann bewahrt uns das vor Verwirrung und Verdrehung. Dafür ist keine große Fachkenntnis erforderlich, sondern einfach gesunder Menschenverstand. Im Eifer des Gefechts verlieren wir manchmal diesen gesunden Menschenverstand.

Regel 5: Achte sorgfältig auf die Bedeutung der Worte

Wie immer man die Bibel definieren mag, ist sie auf jeden Fall ein Buch, das Informationen sprachlich kommuniziert. Das heißt, dass sie voller Worte ist. Gedanken werden durch die Beziehung dieser Worte untereinander ausgedrückt. Jedes einzelne Wort trägt etwas zum kommunizierten Inhalt bei. Je besser wir die einzelnen Worte in biblischen Aussagen verstehen, desto besser können wir die ganze Botschaft der Schrift verstehen. Eine exakte Kommunikation und ein klares Verständnis sind schwierig zu erreichen, wenn Worte unpräzise und missverständlich verwendet werden. Der falsche Gebrauch von Worten geht Hand in Hand mit Missverständnissen. Wir haben alle schon die Frustration erlebt, wenn wir versuchen etwas auszudrücken, aber nicht die richtige Kombination von Wörtern finden, um deutlich zu machen, was wir sagen möchten. Wir haben auch erlebt, wie frustrierend es ist, wenn wir missverstanden werden, obwohl wir korrekte Worte gewählt haben, unser Zuhörer aber ein anderes Verständnis davon hat, was diese Worte aussagen.

Laien beklagen sich oft, dass Theologen zu viele schwierige Worte verwenden. Fachbegriffe sind häufig rätselhaft und verwirrend. Sie dienen nicht dazu, etwas besser zu kommunizieren, sondern schützen unsere Aussage davor, zu leicht verstanden zu werden – oder wir beeindrucken Menschen mit unserem großen Wissen. Andererseits entwickeln Gelehrte einen Fachjargon auf ihrem Gebiet gerade um der Präzision willen, und nicht um zu verwirren. Unsere Alltagssprache hat so ein breites Bedeutungsfeld, dass bei alltäglichen Worten die Bedeutungsnuancen zu ungenau und daher für exakte Kommunikation nicht geeignet sind.

Wir sehen den Vorteil des Fachjargons in der Medizin – auch wenn er uns dort manchmal stört. Wenn ich krank werde und dem Arzt sage: »Ich fühle mich nicht gut«, wird er mich auffordern, etwas genauer zu sagen, was mir fehlt. Wenn er mich eingehend untersucht hat und dann zu mir sagt: »Du hast ein Problem mit dem Magen«, dann möchte ich, dass er konkreter wird. Es gibt eine Menge Magenprobleme, von ungefährlichem Sodbrennen bis hin zu unheilbarem Krebs. In der Medizin ist der exakte Fachjargon wichtig, um Leben zu retten.

Wenn wir verstanden werden wollen, müssen wir lernen, zu sagen was wir meinen und zu meinen was wir sagen. Ich hörte einmal einen Theologen bei einer Vorlesung über reformierte Theologie. Mitten in der Vorlesung fragte ein Student: »Herr Professor, können wir aus Ihrem Vortrag schließen, dass Sie ein

Calvinist sind?« Der Theologe antwortete:»Ja, genau«, und fuhr mit seiner Vorlesung fort. Etwas später hielt er mitten im Satz inne und in seinen Augen leuchtete etwas wie ein Aha-Effekt auf. Er wandte sich wieder an den Studenten, der die Frage gestellt hatte, und fragte:»Was verstehen Sie unter einem Calvinisten?« Der Student antwortete:»Ein Calvinist glaubt, dass Gott einige Menschen, die sich mit Händen und Füßen wehren, gegen ihren Willen in sein Reich bringt, während er andere ausschließt, die verzweifelt hinein wollen.« Da klappte dem Professor förmlich die Kinnlade herunter und er sagte:»Wenn das so ist, dann halten sie mich bitte nicht für einen Calvinisten.« Wenn der Professor nicht zurückgefragt hätte, was der Student unter dem Begriff verstand, hätte er etwas vollkommen anderes kommuniziert als beabsichtigt, weil der Student den Begriff völlig missverstand. Zu solchen Missverständnissen kann es auch beim Bibelstudium kommen.

Der vielleicht größte Fortschritt in der biblischen Theologie des 20. Jahrhunderts wurde wohl auf dem Gebiet der Lexikografie erlangt. Das heißt, die Bedeutung der biblischen Wörter ist uns heute deutlich besser erschlossen als je zuvor. Ein meiner Meinung nach höchst wertvolles Werkzeug für die Exegese ist das *Theologische Wörterbuch zum Neuen Testament,* herausgegeben von Gerhard Kittel (das Werk wird auch als»der Kittel« bezeichnet; Anm. d. Hrsg.). Dieses umfangreiche Wörterbuch umfasst 10 dicke Bände und bietet eine sorgfältige Untersuchung der Bedeutung der wichtigsten neutestamentlichen Wörter. Ein Wort wie z. B. *rechtfertigen* wird zig Seiten lang analysiert und jedes bekannte Vorkommen dieses Wortes untersucht. Seine Bedeutung wird zurückverfolgt von Homer und dem klassischen Griechisch über die antike griechische Übersetzung des Alten Testaments, der Septuaginta, bis hin zu seiner Verwendung in den Evangelien, den Briefen und den frühkirchlichen Schriften. Wer die Bibel studiert, braucht nicht auf ein säkulares Griechischwörterbuch zurückgreifen, wo er vielleicht ein oder zwei Sätze zu dem Wort für *rechtfertigen* finden würde, sondern kann den»Kittel« nehmen und bekommt vierzig bis fünfzig Seiten detaillierter Erklärungen von allen Vorkommen, Verwendungen und Bedeutungsnuancen geboten. Er findet heraus, wie Platon, Euripides, Lukas und Paulus ein bestimmtes Wort verwendet haben. Das verleiht uns ein äußerst präzises Verständnis von der biblischen Sprache und dient auch der zuverlässigen Übersetzung des Bibeltextes.

Es gibt grundsätzlich zwei Methoden, Begriffe zu definieren: durch die Etymologie (Wortgeschichte) oder durch den üblichen Gebrauch des Wortes. Etymologie ist die Wissenschaft von der Herkunft von Wörtern. Wir stoßen z.b. auf das Wort *Hippopotamus* und fragen uns, was es bedeutet. Wenn wir Griechisch können, wissen wir, dass *hippos* »Pferd« heißt und *potamos* »Fluss«. Hippopotamus heißt also »Flusspferd«. Die Wurzeln und ursprünglichen Bedeutungen von Wörtern zu ergründen, kann sehr hilfreich sein, um die Nuancen eines Wortes zu begreifen. Zum Beispiel bedeutet das hebräische Wort für »Herrlichkeit« ursprünglich »schwer« oder »Gewicht«. Die Herrlichkeit Gottes hat also etwas mit seiner Gewichtigkeit oder gewaltigen Größe zu tun. Wir nehmen ihn nicht »auf die leichte Schulter«. Aber: Wenn wir Wörter nur nach ihrer ursprünglichen Bedeutung definieren, bringt uns das schnell in Schwierigkeiten.

Zusätzlich zum Ursprung und zur Entwicklungsgeschichte eines Wortes ist es außerordentlich wichtig, seinen Gebrauch und dessen Zusammenhang zu beachten. Das ist notwendig, weil sich die Bedeutung von Wörtern je nach Verwendung ändern kann. Zum Beispiel bedeutete das Wort *peinlich* im Mittelalter »körperlich schmerzhaft«, insbesondere im Zusammenhang einer Strafmaßnahme. »Peinliche Befragung« war ein Verhör unter Folter. Heute bedeutet peinlich, dass etwas Scham auslöst. Das Wort »scannen« war früher definiert als »sorgfältig und detailliert lesen«. Liest man aber in einem aktuellen Wörterbuch nach, heißt scannen nur noch »überfliegen«. Dieser Begriff hat seine Bedeutung innerhalb weniger Jahre also ins Gegenteil verwandelt. Ursache dafür war, dass das Wort so oft falsch verwendet wurde, das sich schließlich seine falsche Verwendung als die richtige durchgesetzt hat. Ein letztes Beispiel ist das Wort »gay«, das früher einfach »fröhlich« bedeutete, heute aber ein Synonym für »schwul« ist.

Worte mit mehreren Bedeutungen

Viele biblische Begriffe haben mehrere Bedeutungen. Nur der Kontext kann Aufschluss darüber geben, welche genaue Bedeutung jeweils gemeint ist. Beispielsweise kommt in der Bibel häufig der Ausdruck »der Wille Gottes« vor. Dieser Begriff wird auf mindestens sechs verschiedene Arten verwendet. Manchmal geht es um Gottes Willen im Sinne von Geboten, die Gott seinem Volk offenbart hat. Sein Wille wird ausgedrückt in den Geboten, die er seinem Volk gegeben hat. Der Begriff *Wille* wird aber auch verwendet, um Gottes souveränes Handeln zu beschreiben, durch das er alles vollbringt, was geschehen soll. Wir nennen das »Gottes wirksamen Willen«, weil er das bewirkt, was er will. Dann gibt es noch Gottes Willen im Sinne dessen, was ihm wohlgefällig ist und ihn erfreut.

Wir wollen sehen, wie eine Schriftstelle interpretiert werden kann, wenn man diese drei unterschiedlichen Bedeutungen des Willens Gottes berücksichtigt. »Gott will nicht, dass jemand verloren gehe« (2Petr 3,9). Das könnte heißen: 1.) Gott hat ein Gebot verordnet, das verbietet, verloren zu gehen. 2.) Gott hat souverän beschlossen, dass niemand verloren geht, und es steht fest, dass er diesen Ratschluss unumstößlich verwirklichen wird. 3.) Gott ist nicht erfreut, es ist nicht sein Wohlgefallen, wenn Menschen verloren gehen. Welche dieser drei Möglichkeiten ist richtig? Und warum? Wenn wir den Zusammenhang dieses Verses untersuchen und uns an die Regel der »Analogie des Glaubens« halten, also den größeren Zusammenhang der ganzen Schrift beachten, ist nur eine dieser drei Alternativen möglich, nämlich die dritte.

Mein Lieblingsbeispiel für Worte mit mehrfacher Bedeutung ist *rechtfertigen*. In Römer 3,28 sagt Paulus: »So kommen wir zu dem Schluss, dass der Mensch durch den Glauben gerechtfertigt werde, ohne Gesetzeswerke.« In Jakobus 2,24 lesen wir: »Da seht ihr, dass der Mensch durch Werke gerechtfertigt wird und nicht durch den Glauben allein.« Wenn das Wort »rechtfertigen« in beiden Fällen dasselbe bedeutet, haben wir einen unlösbaren Widerspruch zwischen zwei biblischen Autoren bei einem Thema, das unser ewiges Schicksal betrifft. Luther nennt »Rechtfertigung durch Glauben« den Begriff, mit dem die Kirche steht oder fällt. Die Bedeutung von Rechtfertigung und die Frage, wie sie geschieht, ist alles andere als nebensächlich. Paulus sagt, man werde durch Glauben ohne Werke gerechtfertigt; Jakobus hingegen sagt, Rechtfertigung geschehe auch durch Werke und nicht durch den Glauben alleine. Was alles noch komplizierter macht: In Römer 2 erklärt Paulus, dass Abraham dadurch gerechtfertigt wurde, dass er an die Verheißung Gottes glaubte, noch bevor er beschnitten wurde. Demzufolge wurde Abraham bereits in 1. Mose 15 gerechtfertigt. Jakobus schreibt aber: »Wurde nicht Abraham, unser Vater, durch Werke gerechtfertigt, als er seinen Sohn Isaak auf dem Altar darbrachte?« (Jak 2,21). Demnach wurde Abraham erst in 1. Mose 22 gerechtfertigt.

Dieses Problem der Rechtfertigung löst sich auf, wenn wir die möglichen Bedeutungen des Begriffs »rechtfertigen« untersuchen und im Kontext der jeweiligen Passagen erwägen. Folgende Bedeutungen von »rechtfertigen« sind möglich: 1.) Gott rechtfertigt einen Sünder, der eigentlich unter seinem Gericht steht, indem er ihn juristisch als gerecht erklärt (freispricht) und damit als mit ihm versöhnt. 2.) Rechtfertigen kann »sich verteidigen« oder »demonstrieren, zeigen, erweisen, bestätigen« bedeuten.

Jesus sagt zum Beispiel: »Die Weisheit ist gerechtfertigt worden von allen ihren Kindern« (Lk 7,35). Was meint er damit? Will er sagen, dass die Weisheit wieder mit Gott versöhnt und sie vor seinem Zorn gerettet wurde? Natürlich nicht. Die offensichtliche Bedeutung dieser Aussage ist, dass weises Verhalten gute Frucht bringt. Der Anspruch, weise zu sein, wurde durch das Ergebnis gerechtfertigt und als rechtmäßig erwiesen. Jesus bedient sich hier mit dem Wort »rechtfertigen« nicht eines theologischen Jargons, sondern drückt sich in der Alltagssprache aus.

Wie verwendet Paulus den Begriff in Römer 3? Das steht außer Frage: Paulus spricht von Rechtfertigung eindeutig im theologischen Sinne.

Und Jakobus? Wenn wir uns den Zusammenhang von Jakobus anschauen, stellen wir fest, dass er sich mit einer anderen Fragestellung beschäftigt als Paulus. Jakobus schreibt in 2,14: »Was hilft es, meine Brüder, wenn jemand sagt, er habe Glauben, dabei aber keine Werke hat? Kann ihn denn der Glaube retten?« Jakobus fragt, welcher Art der Glaube sein muss, wenn es rettender Glaube sein soll. Er sagt, dass wahrer Glaube entsprechende Werke hervorbringt. Einen Glauben ohne Werke nennt er unechten, toten Glauben. Das Problem ist, dass Menschen sagen können, sie hätten Glauben, obwohl sie nicht gläubig sind. Der Anspruch, gläubig zu sein, wird durch die Frucht des Glaubens, nämlich durch Werke, bestätigt bzw. gerechtfertigt. Abraham ist durch die Frucht seines Glaubens erkennbar gerechtfertigt bzw. als gläubig erwiesen worden. In diesem Sinne wird Abrahams Anspruch auf Rechtfertigung durch seine Werke gerechtfertigt. Die Reformatoren hatten das verstanden, als sie den Satz prägten: »Rechtfertigung geschieht allein aus dem Glauben, aber nicht aus einem Glauben, der alleine bleibt.«

Begriffe, die ein ganzes Lehrkonzept repräsentieren

Es gibt eine Kategorie von Worten, die uns zur Verzweiflung bringen kann. Es sind die Worte, die dafür gebraucht werden, dogmatische Konzepte zu beschreiben. Zum Beispiel der Begriff »retten« bzw. »Errettung«. Im biblischen Umfeld wurde jemand errettet, wenn er aus irgendeiner Art von Not oder Unglück befreit wurde. Das können Menschen sein, die vor militärischen Angriffen gerettet wurden, von körperlichen Verletzungen oder Krankheiten befreit wurden oder vor Beleidigungen und Verleumdungen geschützt wurden. All das wird in der Bibel als Errettung bezeichnet. Doch die letztendliche Errettung ist die Rettung von der Macht der Sünde des Todes, sodass man dem Zorn Gottes entkommt. Aus dieser besonderen Art der Errettung haben wir die Lehre von der Errettung (bzw. vom »Heil«, das ist in der Bibel dasselbe Wort) abgeleitet.

Problematisch wird es, wenn wir eine solche Lehrsystematik aufstellen und dann im Neuen Testament diese besondere, letztendliche Bedeutung von Errettung in jedes Vorkommen dieses Begriffes hineinlesen. Paulus sagt zum Beispiel an einer Stelle, dass Frauen »gerettet werden durch das Kindergebären« (1Tim 2,15). Heißt das, dass es zwei Wege zur Errettung gibt? Müssen

Männer durch Christus gerettet werden, während Frauen in den Himmel kommen, indem sie Kinder kriegen? Offenbar spricht Paulus in 2. Timotheus 2 von einer anderen Art von Errettung. In 1. Korinther 7,14 steht:»Der ungläubige Mann ist geheiligt durch die Frau, und die ungläubige Frau ist geheiligt durch den Bruder; sonst wären eure Kinder unrein, nun aber sind sie heilig.« Was können wir aus dieser Schriftstelle über die Lehre der Heiligung schließen? Wenn die Heiligung erst nach der Rechtfertigung geschieht und Paulus hier schreibt, dass ein ungläubiger Partner geheiligt wird, dann kann das nur bedeuten, dass dieser Ungläubige auch gerechtfertigt ist. Eine solche Schlussfolgerung führt zu einer völlig abwegigen Theologie: Wenn du zwar nicht an Christus glauben und ihm nicht nachfolgen willst, aber Angst hast, dass du den Himmel verpasst, falls Jesus doch Gottes Sohn sein sollte, dann kannst du auf Nummer sicher gehen, indem du einen Christen heiratest. Dann hast du das Beste von beiden Welten. Folglich gibt es drei Wege, um gerechtfertigt zu werden: durch den Glauben an Christus, durch Kindergebären und durch die Ehe mit einem Gläubigen.

Solch eine theologische Verwirrung wäre das Ergebnis, wenn wir das Wort »geheiligt« überall in seiner vollen dogmatischen Bedeutung verstehen würden. Aber die Bibel gebraucht diese Begriffe auch in anderer Bedeutung. »Heiligen« heißt zunächst erst einmal »beiseite setzen« oder »(für etwas) weihen«. Wenn zwei Ungläubige heiraten und einer wird Christ, wird der Ungläubige um der Kinder willen in eine besondere Beziehung zum Leib Christi versetzt. Das heißt nicht, dass er errettet ist.

Diese Beispiele sollten ausreichen, um zu zeigen, wie wichtig es ist, die wichtigsten Begriffe der Bibel genau zu kennen. Viele Streitigkeiten und Irrlehren sind nur deshalb entstanden, weil eine mehrfache Bedeutung von Begriffen übersehen wurde.

Regel 6: Beachte den häufigen Gebrauch von Parallelismen in der Bibel

Eine der faszinierendsten Besonderheiten der hebräischen Literatur ist ihr Gebrauch von Parallelismen. Parallelismen sind in den Sprachen des alten Orients sehr verbreitet und relativ einfach zu erkennen. Wenn man imstande ist, sie zu erkennen, ist das für das Verstehen des Textes sehr hilfreich.

Die hebräische Poesie ist, wie auch die Poesie anderer Sprachen, in der Regel nach einem bestimmten Versmaß aufgebaut. Der metrische Rahmen geht bei der Übersetzung aber meist verloren. Parallelismen hingegen können leichter übersetzt werden, weil sie nicht auf einem Rhythmus der Worte und Silben beruhen, sondern auf einem »Rhythmus der Gedanken«. Parallelismus wird definiert als eine Struktur von zwei oder mehreren Sätzen oder Satzteilen, die sich ähneln oder zueinander in Beziehung stehen. Es gibt drei Grundformen des Parallelismus: der synonyme, der antithetische und der synthetische Parallelismus.

Synonyme Parallelismen liegen vor, wenn verschiedene Zeilen oder Teile einer Schriftstelle denselben Gedanken in anderen Worten ausdrücken. Zum Beispiel:

> Ein falscher Zeuge bleibt nicht ungestraft,
> und wer Lügen ausspricht, geht zugrunde (Spr 19,5).
> Geht ein, lasset uns anbeten und niederknien,
> lasset uns lobpreisen vor dem HERRN,
> unserem Schöpfer! (Ps 95,6).

Um einen *antithetischen* Parallelismus handelt es sich, wenn die beiden Teile im Gegensatz zueinander stehen. Vielleicht sagt die Parallele dasselbe aus, aber in Form einer Negation.

> Ein weiser Sohn hört auf des Vaters Zucht,
> ein Spötter nicht einmal aufs Schelten (Spr 13,1).
> Nachlässigkeit macht arm;
> aber eine fleißige Hand macht reich (Spr 10,4).

Synthetische Parallelismen sind etwas komplexer als die anderen beiden Formen. Dabei baut der erste Teil eine Erwartungshaltung auf, die im zweiten Teil erfüllt wird. Dies kann auch abgestuft und fortschreitend zu einer Folgerung führen.

Denn siehe, HERR, deine Feinde,
ja, deine Feinde kommen um,
alle Übeltäter werden zerstreut werden! (Ps 92,9).

Wenngleich Jesus nicht in Poesieform gesprochen hat, sind seine
Reden doch vom Parallelismus geprägt.

Gib dem, der dich bittet,
und wende dich nicht ab von dem,
der von dir borgen will (Mt 5,42).
Bittet, so wird euch gegeben;
suchet, so werdet ihr finden;
klopfet an, so wird euch aufgetan! (Mt 7,7).

Wenn man solche Parallelismen erkennen kann, hilft das oft,
scheinbar schwierige Texte zu verstehen. Außerdem kann dadurch unsere Erkenntnis sehr bereichert und vertieft werden. Jesaja 45,6-7 ist ein Beispiel, bei dem manche ins Schleudern kommen:

Ich bin der HERR, und keiner mehr;
der ich das Licht mache und schaffe die Finsternis,
der ich Frieden gebe und schaffe das Übel.
Ich bin der HERR, der solches alles tut. (nach Luther)

Ich wurde schon oft gefragt, was dieser Vers bedeutet. Lehrt er
nicht klar, dass Gott das Böse erschafft? Macht er nicht Gott
zum Urheber der Sünde? Die Lösung dieses Problems ist einfach,
wenn wir erkennen, dass hier ein antithetischer Parallelismus vorliegt. Im zweiten Teil wird Frieden dem »Übel« oder »Unheil« gegenüber gestellt. Was ist das Gegenteil von Frieden? Das »Übel«,
um das es hier geht, ist nicht der Gegensatz zum Guten und Heiligen, sondern der Gegensatz zum Frieden. Daher übersetzen andere Bibelausgaben hier auch: »ich … schaffe das Unglück« oder
»Unheil«. Das gibt treffender wieder, was dieser antithetische
Parallelismus ausdrücken soll. Der Sinn der Aussage besteht darin, dass Gott letztendlich ein gottesfürchtiges Volk segnet und

ihm Wohlergehen schenkt; wenn es aber Gericht verdient, wird er es mit Unheil heimsuchen.

Eine andere schwierige Stelle mit einem Parallelismus kommt im »Vater unser« vor. Jesus lehrte seine Jünger beten: »Und führe uns nicht in Versuchung« (Mt 6,13). Jakobus hingegen warnt uns: »Niemand sage, wenn er versucht wird: Ich werde von Gott versucht« (Jak 1,13). Lehrt aber das Gebet des Herrn nicht, dass Gott uns doch versuchen oder zumindest in Versuchung führen kann? Sagt Jesus uns, wir sollen Gott bitten, uns nicht zur Sünde zu verführen oder zu verlocken? Gott bewahre!

Das Problem ist leicht aus dem Weg zu räumen, wenn wir den anderen Teil der Parallele beachten: »Und führe uns nicht in Versuchung, sondern erlöse uns von dem Bösen.« Dies ist ein Beispiel für einen synonymen Parallelismus. Beide Teile sagen im Prinzip dasselbe aus. In Versuchung geführt werden bedeutet das gleiche, wie den Angriffen des Bösen ausgesetzt sein. Diese »Versuchung« ist nicht die, von der Jakobus spricht. Jakobus meint die innere Versuchung durch unsere eigene Lust. Hier ist aber eine äußerliche »Prüfung« gemeint. Gott prüft sein Volk, so wie er es mit Abraham und auch mit Jesus in der Wüste tat.

Eine weitere Schwierigkeit in diesem Text bereitet der Begriff »der oder das Böse«. Dieses Substantiv ist im griechischen Grundtext männlich und muss daher als »der Böse« verstanden werden. Wenn nur »Böses« im unpersönlichen Sinne gemeint wäre, wäre das Wort im sächlichen Neutrum geschrieben. Jesus lehrt uns zu beten: »Bitte Vater, sei eine Mauer um uns und beschütze uns vor dem Satan. Verhindere, dass er uns angreift. Führe uns nicht an einen Ort, wo er uns etwas antun kann.« Auch hier liefert der Parallelismus den Schlüssel, um diese Schriftstelle richtig zu verstehen.

Parallelismen können auch helfen, biblische Begriffe besser zu verstehen. Was zum Beispiel bedeutet im hebräischen Denken der Begriff »Segen« bzw. »segnen«? Lesen wir einmal die klassische hebräische Benediktion (Segensspruch) und versuchen, uns etwas in die Denkweise hineinzuversetzen:

Der HERR segne dich und behüte dich!

Der HERR lasse dir sein Angesicht leuchten
und sei dir gnädig!
Der HERR erhebe sein Angesicht auf dich
und gebe dir Frieden! (4Mo 6,24-26)

Wenn wir die Parallelstruktur dieser Benediktion genauer untersuchen, erschließt sich uns nicht nur der Sinn, sondern wir begreifen auch besser, was ein Jude unter echtem Frieden versteht. Man beachte, dass die Begriffe »behüten«, »gnädig sein« und »Frieden geben« synonym gebraucht werden. Frieden ist mehr als die Abwesenheit von Krieg. Er beinhaltet, dass man Gottes Gnade seiner Bewahrung (»Hut«) erfährt. Was bedeutete Bewahrung für ein Volk, das ein Pilgerdasein führte? Die Geschichte das Volkes Israel ist eine Geschichte voller Drangsale; sie waren ständig lebensbedrohlichen Gefahren ausgesetzt. Durch die Gnade Gottes gesegnet sein und seinen Frieden erfahren – das gehört zusammen.

Aber was bedeutet es, gesegnet zu sein? Man beachte, dass in den letzten beiden Zeilen der Benediktion der Begriff Segen ausgetauscht wird durch das Bild vom Anblick des Angesichts Gottes: »Der Herr lasse sein Angesicht leuchten ... er erhebe sein Angesicht.« Für einen Juden bedeutet wahrer Segen, Gott so nahe zu sein, dass man sein Angesicht schaut. Als der Mensch in Sünde fiel, wurde ihm dem Alten Testament zufolge insbesondere das Vorrecht genommen, Gottes Angesicht zu sehen. Sie konnten ihm »nahen«, Mose durfte ihn von hinten sehen, sie konnten Gemeinschaft mit Gott haben, aber sein Gesicht konnte niemand sehen. Die Hoffnung Israels, der letzte und höchste Segen, ist die Hoffnung, Gott von Angesicht zu Angesicht zu schauen.

Für uns Christen wird die höchste Herrlichkeit beschrieben als »glückselige Schau«, das Schauen Gottes von Angesicht zu Angesicht. Umgekehrt wird im Hebräischen der Fluch Gottes bildhaft beschrieben mit der Vorstellung, dass Gott seinen Rücken zukehrt und wegschaut. Die Nähe Gottes ist Segen; seine Abwesenheit ist Fluch.

Regel 7: Beachte den Unterschied zwischen Sprüchen und Geboten

Ein sehr verbreiteter Fehler beim Auslegen und Anwenden der Bibel besteht darin, dass man einem Sprichwort absolutes ethisches Gewicht beimisst. Sprüche sind einprägsame kurze Verse, die dazu gedacht sind, praktische Wahrheiten zu vermitteln. Sie reflektieren Lebensweisheiten für ein Leben mit Gott. Sie spiegeln nicht Moralgesetze wider, die auf jeden Fall in jeder denkbaren Lebenssituation angewendet werden müssen.

Was passiert, wenn man sie zu Geboten erhebt, möchte ich zunächst durch ein Sprichwort aus unserer Sprache verdeutlichen. Kennst du den bekannten Satz:»Erst wägen, dann wagen«? Dieser Spruch soll verdeutlichen, dass es weise ist, die Konsequenzen einer Tat zuvor abzuschätzen. Wir sollten nicht unüberlegt handeln und uns erst dann auf etwas einlassen, wenn wir wissen, was wir tun. Aber was ist mit dem anderen Sprichwort:»Wer zögert, der verliert«? Was geschieht, wenn wir beide Sprichwörter absolut nehmen? Einerseits verlieren wir, wenn wir zögern, aber andererseits sollen wir doch zunächst innehalten und abwägen! Daraus folgt: Wer zögert, um abzuwägen, bevor er wagt, der verliert! Das ist natürlich Unsinn.

Das gleiche gilt für biblische Sprichwörter und Redeweisheiten. Es kann sogar auf einige der Weisheitssprüche Jesu zutreffen. Jesus sagt:»Wer nicht mit mir ist, der ist wider mich« (Mt 12,30). Aber Jesus sagte auch:»Wer nicht wider uns ist, der ist für uns« (Lk 9,50). Wie kann beides wahr sein? Wir alle wissen, dass manchmal Schweigen Zustimmung bedeutet, aber in anderen Situationen drückt es Feindseligkeit aus. Manchmal bedeutet fehlender Widerstand Unterstützung, in anderen Fällen drückt fehlende Unterstützung aber Widerstand aus.

Sprüche 26,4-5 liefert ein sehr anschauliches Beispiel, wie Sprichwörter sich widersprechen, wenn sie absolut verstanden werden. In Vers 4 steht:»Antworte dem Narren nicht nach seiner Narrheit, damit du ihm nicht gleichest.« Und gleich danach in Vers 5 lesen wir:»Antworte aber dem Narren nach seiner Narrheit, damit er sich nicht weise dünke.« Es gibt also Situationen, in denen es weise ist, dem Narren nach seiner Narrheit zu antworten, und es gibt Situationen, in denen das Gegenteil angebracht ist. Wir müssen nicht nur zwischen Sprichwort und Gebot unterscheiden, sondern auch zwischen verschiedenen Arten von Geboten. Grundsätzlich finden wir in der Bibel zwei Arten von Geboten: apodiktische und kasuistische. Apodiktische Gebote sind absolut, direkt und persönlich formuliert, also »du sollst ...« oder »du sollst nicht ...«. Die Zehn Gebote sind eindeutig apodiktisch.

Ein kasuistisches Gebot enthält eine Bedingung: »wenn ... dann ...« Das ist die Grundlage für das so genannte »Fallrecht«. Bei der kasuistischen Form der Rechtsprechung wird eine Reihe von Beispielen genannt, anhand derer das Urteil gefällt wird. Dies entspricht der im englischen Sprachraum üblichen Rechtsprechung auf Grundlage eines »Fallrechts«. In 2. Mose 23,4 lesen wir: »Wenn du den Ochsen oder Esel deines Feindes antriffst, der sich verlaufen hat, so sollst du ihm denselben wiederbringen.« Der erste Teil des Satzes ist kasuistisch, der zweite apodiktisch. Hier werden ausdrückliche Anweisungen in Bezug auf Esel und Ochsen gegeben. Aber was mache ich, wenn ich die entlaufene Ziege oder das Kamel meines Feindes finde? Muss ich sie zurückbringen? Das Gesetz gebietet das nicht ausdrücklich. Aber kasuistische Gebote verdeutlichen das Prinzip anhand von Beispielen. Implizit gilt dieses Gebot auch für Ziegen, Kamele, Hühner und Pferde. Wenn die Bibel für jede mögliche Situation ein Gebot nennen würde, würden die erforderlichen Bände riesige Bibliotheken füllen. Kasuistische Gebote verdeutlichen das Prinzip, aber das Prinzip kann selbstverständlich auf unendlich viele Fälle angewendet werden.

Regel 8: Beachte den Unterschied zwischen dem Buchstaben und dem Sinn des Gesetzes

Wir alle wissen, welchen Ruf die Pharisäer im Neuen Testament hatten: Peinlichst beachteten sie den Buchstaben des Gesetzes, während sie den eigentlichen Inhalt der Gebote ständig brachen.

Die Mischna, die wichtigste Sammlung gesetzlicher Überliefe-
rungen des rabbinischen Judentums, enthält ausgeklügelte Rege-
lungen, wie der Radius eines »Sabbatwegs« geschickt erweitert
werden kann. Die Rabbis hatten festgelegt, dass eine Sabbatreise
maximal eine bestimmte Distanz vom eigenen Wohnsitz umfas-
sen darf (vgl. Apg 1,12; ca. 1 km). Wenn ein »Legalist« (gesetzlicher Mensch) am Sabbat eine weite Strecke zurücklegen wollte,
erlaubte die Mischna, dass er während der Woche persönliche
Gegenstände durch einen Reisenden oder Freund einen Sabbatweg vom eigentlichen Wohnsitz entfernt deponieren ließ, und
noch einen Sabbatweg weitere Gegenstände und so fort. Dadurch
hatte der Legalist quasi weitere Wohnsitze in jeweils einen Sabbatweg Entfernung begründet. Wenn er nun am Sabbat reisen
wollte, dann konnte er von »Wohnsitz« zu »Wohnsitz« ziehen und
seine persönlichen Gegenstände dabei wieder einsammeln. Man
gehorchte dadurch dem Buchstaben des Gesetzes, aber der Sinn
war völlig abhanden gekommen.

Im Neuen Testament finden wir eine ganze Reihe verschiedener Legalisten. Der erste und bekannteste Typus setzte Gebote
und Regeln fest, die über das hinausgingen, was Gott geboten
hatte. Jesus wies die Pharisäer zurecht, weil sie den Traditionen
der Rabbis dieselbe Autorität beimaßen wie dem Gesetz Moses.
Menschlichen Gesetzen göttliche Autorität zuschreiben, ist die
bedeutendste Form von Gesetzlichkeit. Aber es ist nicht die einzige. Der »verlängerte Sabbatweg« ist ein Beispiel für eine andere
sehr verbreitete Form: dem Buchstaben zu gehorchen und dabei
den Inhalt zu missachten. Das macht scheinbar gerecht, aber in
Wirklichkeit zeigt es, dass man verdorben ist.

Eine andere Weise, wie das Gesetz entstellt werden kann, ist
der Versuch, den Sinn des Gesetzes zu befolgen, aber den Buchstaben zu missachten. Buchstabe und Sinn hängen untrennbar
zusammen. Der Legalist zerstört den Sinn und der Antinomist
(Antinomismus bedeutet »gegen [anti] das Gesetz [nomos] sein«)
verachtet den Buchstaben.

Jesu Erklärungen zum mosaischen Gesetz in der Bergpredigt
wurden von Auslegern leider oft schrecklich falsch verstanden. In
einem Zeitungsartikel eines populären Psychologen las ich ein-

mal, wie dieser die Ethik Jesu heftig kritisierte. Dieser Psychologe sagte, er könnte nicht verstehen, warum Jesus als Ethiker so hoch geschätzt wird, da seine Lehre so naiv gewesen sei. Insbesondere verwies er auf Jesu Lehre über Mord und Ehebruch. Der Psychologe interpretierte Christi Aussagen so, dass Jesus Zorn als gleich schweres Verbrechen wie Mord hingestellt habe oder Lust als gleich schlimm wie Ehebruch. Wer meine, Zorn sei genauso schlimm wie Mord oder ein wollüstiger Gedanke so schlimm wie Ehebruch, habe eine verdrehte Ethik. Der Psychologe erklärte dann, dass Mord und Ehebruch schwerwiegendere Folgen haben als Zorn und Lust. Wenn jemand auf einen anderen zornig ist, kann das zwar Unheil anrichten, aber erst wenn der Zorn zum Mord führt, sind die Auswirkungen sehr viel ernster. Zorn allein bringe niemanden um und mache Frauen nicht zu Witwen und Kinder nicht zu Waisen. Aber Mord schon. Ein begehrlicher Gedanke könne zwar die mentale Reinheit trüben, aber das sei noch kein vollzogener Seitensprung, der die eigene Ehe und die des anderen zerstören kann. In diesem Sinne fuhr der Psychologe mit seiner Analyse fort und kam zu dem Schluss, dass solch eine Ethik für ein verantwortungsvolles Leben sehr hinderlich wäre.

In der Gesellschaft kommt genau dasselbe falsche Verständnis der Bergpredigt noch häufiger vor. Manche argumentieren: »Da ich diese Frau (oder diesen Mann) nun schon begehrlich angeschaut habe, kann ich also auch ganze Sache machen und den Ehebruch vollziehen, da ich dieses Verbrechen in Gottes Augen ja sowieso schon begangen habe.« Das ist nicht nur eine starke Verdrehung von Jesu Aussage, sondern es setzt das Vergehen der Lust mit dem Vollmaß des Ehebruchs gleich.

Schauen wir uns einmal an, was Jesus darüber sagt und ob das wirklich so naiv ist, wie die Kritiker behaupten:

Ihr habt gehört, dass zu den Alten gesagt ist: »Du sollst nicht töten«; wer aber tötet, der wird dem Gericht verfallen sein. Ich aber sage euch: Jeder, der seinem Bruder zürnt, wird dem Gericht verfallen sein. Wer aber zu seinem Bruder sagt: »Raka!« der wird dem Hohen Rat verfallen sein. Wer aber sagt: »Du Narr!« der wird dem höllischen Feuer verfallen sein (Mt 5,21-22).

Ihr habt gehört, dass zu den Alten gesagt ist: »Du sollst nicht ehebrechen!« Ich aber sage euch: Wer eine Frau ansieht, ihrer zu begehren, der hat in seinem Herzen schon Ehebruch mit ihr begangen (Mt 5,27-28).

Nirgends in diesem Text sagt Jesus, dass Zorn genauso schlimm sei wie Mord oder Lust so schlimm wie Ehebruch. Tatsächlich sagt er: Wenn jemand sich zwar davor scheut, seinen Bruder zu ermorden, ihn aber hasst oder beleidigt, dann hat er das Gebot »du sollst nicht töten« nicht wirklich gehalten. Mord ist Sünde, aber Hass und Beleidigung auch.

Der springende Punkt in Jesu Aussage besteht darin, dass der Sinn des Gesetzes weitreichender ist als allein sein Buchstabe. Wenn du jemanden ermordest, dann verstößt du gegen den Buchstaben des Gesetzes. Wenn du jemanden hasst, dann verstößt du gegen den Sinn des Gesetzes. Jesus sagt: »Wer mordet, wird dem Gericht verfallen sein ... Wer seinen Bruder hasst, wird dem Gericht verfallen sein.« Er sagt also lediglich, dass sowohl Hass als auch Mord Sünde ist, aber nicht, dass die zerstörerischen Auswirkungen dieselben wären oder dass beide Sünden gleich schlimm sind. Obwohl viele das folgern, sagt Jesus nicht einmal, dass die Strafe für beide Sünden die gleiche wäre. Er sagt wohl, dass jemand, der einen anderen beleidigt, schuldig genug ist, um in die Hölle zu kommen.

Dies impliziert aber nicht, dass jede Strafe in der Hölle gleich ist. Er sagt allerdings, dass Beleidigung ein so schlimmes Vergehen ist, dass es die Hölle verdient. Jesus betont dadurch die Schwere jeglicher Sünde. Aber ist das Strafmaß in der Hölle für alle Sünden gleich? Jesus lehrt das nicht. Das Neue Testament warnt davor, sich selbst »Zorn für den Tag des Zorns« aufzuhäufen (Röm 2,5). Wie kann man »Zorn aufhäufen«, wenn die Höllenstrafe für alle Sünder gleich sein wird? Jesus sagt, dass Gott jeden Menschen gemäß seiner Werke richten wird. Manche werden mit wenigen Schlägen geschlagen werden, andere mit vielen (Lk 12,47-48).

Der Punkt ist nicht, dass jede Strafe gleich ist, sondern dass jede Sünde bestraft wird. Das biblische Gerechtigkeitsprinzip unterscheidet zwischen verschiedenen Ausmaßen des Bösen und verschiedenen Ausmaßen von Strafe.

Über Ehebruch sagt Jesus: Wenn jemand eine andere Frau mit Begierde anschaut, dann hat er »in seinem Herzen« Ehebruch begangen. Der springende Punkt ist, dass zwar nicht der Buchstabe des Gesetzes, aber dessen Sinn gebrochen wurde. Sünde ist mehr als bloß eine äußerliche Tat. Gott schaut nicht nur auf unsere Werke, sondern auch auf unser Herz. Die Pharisäer brüsteten sich mit ihrer Gerechtigkeit. Sie bildeten sich ein, das ganze Gesetz zu halten, nur weil sie den Buchstaben des Gesetzes beachteten.

Der Hauptgedanke Jesu bei seinen Ausführungen zum Gesetz wird in folgender Aussage deutlich:

Ihr sollt nicht wähnen, dass ich gekommen sei, das Gesetz oder die Propheten aufzulösen! Ich bin nicht gekommen aufzulösen, sondern zu erfüllen. Denn wahrlich, ich sage euch, bis dass Himmel und Erde vergangen sind, wird nicht ein Jota noch ein einziges Strichlein vom Gesetz vergehen, bis alles geschehen ist. Wer nun eines von diesen kleinsten Geboten auflöst und die Leute also lehrt, der wird der Kleinste heißen im Himmelreich, wer sie aber tut und lehrt, der wird groß heißen im Himmelreich (Mt 5,17-19).

In diesem Abschnitt sehen wir deutlich, dass es Jesus sehr wohl daran liegt, dass der Buchstabe des Gesetzes gehalten wird. Nicht nur ist »der Buchstabe« wichtig, sondern sogar der kleinste Buchstabe (das Jota) und das »Strichlein« des Gesetzes müssen gelehrt und gehalten werden. Aber Jesus bestätigt nicht nur den Buchstaben, sondern betont darüber hinaus den Sinn. Er spielt weder den Sinn gegen den Buchstaben aus noch ersetzt er den Buchstaben durch den Sinn. Vielmehr betont er die Wichtigkeit des Sinns *neben* dem Buchstaben. Der Schlüssel ist: »Denn ich sage euch: Wenn eure Gerechtigkeit die der Schriftgelehrten und Pharisäer nicht weit übertrifft, so werdet ihr gar nicht in das Himmelreich eingehen!« (Mt 5,20). Die Pharisäer beachteten den Buchstaben; Christen sollen sowohl den Buchstaben als auch den Sinn des Gesetzes beachten. Jesus macht dies zu einer Voraussetzung für die Teilhabe an seinem Reich. Seine Aussagen zu Mord und Ehebruch entsprechen diesem Prinzip und veranschaulichen es.

(Anmerkung des deutschen Herausgebers: Die Aussage dieses Abschnittes sollte nicht verwechselt werden mit der verbreiteten falschen Auslegung von 2. Korinther 3,6: »Der Buchstäbe tötet, der Geist aber macht lebendig.« Dieser Vers liefert weder – wie oft angenommen – ein Argument gegen biblische Buchstabentreue noch für Lehrfeindlichkeit oder mystische Erfahrungen. Aus dem Zusammenhang von 2. Korinther 3 wird deutlich, dass mit dem »Buchstaben« das mosaische Gesetz gemeint ist und mit dem »Geist« das Evangelium. Dies mittels eines Bibelstudiums von 2. Korinther 3 zu prüfen, ist eine empfehlenswerte Übung).

Regel 9: Vorsicht bei Gleichnissen

Von allen Literaturformen der Bibel hält man die Gleichnisse oft für die am einfachsten auszulegende Gattung. Den Zuhörern gefallen Predigten über Gleichnisse. Da Gleichnisse konkrete alltägliche Geschichten sind, scheinen sie einfacher auszulegen zu sein als abstrakte Texte. Doch den neutestamentlichen Schriftausleger stellen die Gleichnisse vor ganz besondere Schwierigkeiten.

Was ist so schwierig an Gleichnissen? Warum können diese kurzen Geschichten nicht einfach erklärt und ausgelegt werden? Auf diese Fragen gibt es mehrere Antworten. Das erste Problem ist: Was ist die ursprüngliche Absicht des Gleichnisses? Jesus nutzte Gleichnisse offenbar oft als Lehrinstrument. Die schwierigste Frage ist, ob er Gleichnisse verwendete, um seine Lehre zu erhellen oder zu verdunkeln. Diese Debatte dreht sich insbesondere um Jesu merkwürdige Aussage in Markus 4,10-12:

Als er nun allein war, fragten ihn die, welche um ihn waren, samt den Zwölfen, über das Gleichnis. Und er sprach zu ihnen: Euch ist gegeben, das Geheimnis des Reiches Gottes zu erkennen; denen aber, die draußen sind, wird alles in Gleichnissen zuteil, auf dass sie mit Augen sehen und doch nicht erkennen und mit Ohren hören und doch nicht verstehen, damit sie nicht etwa umkehren und ihnen vergeben werde.

Anschließend erklärt Jesus seinen Jüngern ganz ausführlich das Gleichnis vom Sämann. Was meint er damit, dass die Gleichnisse von denen nicht verstanden werden sollen, denen es nicht gegeben ist, das Geheimnis des Reiches Gottes zu erkennen? Einige Übersetzer haben das als so anstößig empfunden, dass sie gar den Text umformuliert haben, um das Problem zu umgehen. Eine solche Textmanipulation ist sprachlich nicht zu rechtfertigen. Andere sehen in diesen Worten eine Anspielung auf das Gericht Gottes über die verhärteten Herzen der Israeliten und sehen eine Parallele zu Gottes Auftrag an den Propheten Jesaja. In Jesajas berühmter Tempelvision (Jesaja 6,8-13) sagt Gott zu ihm:»Wen soll ich senden, und wer wird für uns gehen?«Jesaja meldete sich freiwillig:»Hier bin ich. Sende mich!«Darauf antwortete Gott:

Gehe und sprich zu diesem Volk: Höret immerfort und verstehet nicht, sehet immerzu und erkennet nicht! Verstocke das Herz dieses Volkes, verstopfe ihre Ohren und verblende ihre Augen, dass sie mit ihren Augen nicht sehen, mit ihren Ohren nicht hören, und dass ihr Herz nicht zur Einsicht komme und sich bekehre und Linderung erfahre.

Hier gehört es zu Gottes Gericht, dass er dem Volk»verhärtete Herzen«quasi als Strafe für ihre Sünden gibt. Das Volk wollte nicht auf Gott hören und deshalb machte er sie unfähig, ihn zu hören.

Jesus sagt oft:»Wer Ohren hat zu hören, der höre.«Die Art und Weise, wie er das sagte, lässt stark vermuten, dass nicht jeder Hörer ihn in der besonderen Weise»hört«, die er meint.

Wenn wir Jesu Gebrauch von Gleichnissen ernst nehmen wollen, müssen wir anerkennen, dass sie etwas Verschleierndes beinhalten. Aber das heißt nicht, dass es der einzige Zweck eines Gleichnisses sei, das Geheimnis des Himmelreiches vor den Verstockten zu verbergen oder zu verdunkeln. Ein Gleichnis ist kein

Rätsel. Es ist dazu bestimmt, verstanden zu werden – zumindest von denen, die offen dafür sind. Und andererseits konnten auch die Feinde Jesu die Gleichnisse bis zu einem gewissen Maß verstehen; immerhin so weit, dass sie wütend wurden. Wenn wir uns mit dem »Schleierhaften« der Gleichnisse auseinandersetzten, müssen wir eine Sache immer im Hinterkopf behalten: Die Gleichnisse waren ursprünglich an eine Zuhörerschaft gerichtet, die zeitlich vor Kreuz und Auferstehung lebte. Zu dieser Zeit stand ihnen noch nicht das ganze Neue Testament als Hintergrund und Interpretationshilfe zur Verfügung. In vielen Gleichnissen geht es um das Reich Gottes. Zur Zeit der Evangelien waren unter den Juden viele Missverständnisse über das Reich Gottes im Umlauf. Deshalb waren die Gleichnisse nicht immer einfach zu verstehen. Sogar die Jünger mussten Jesus um eine genauere Auslegung bitten.

Ein weiteres Interpretationsproblem bei Gleichnissen ist die Frage, welche Beziehung zwischen Gleichnissen und Allegorien besteht. Das Gleichnis vom Sämann legt Jesus allegorisch aus. Das könnte uns zu der Annahme verleiten, dass alle Gleichnisse eine allegorische Bedeutung und jedes ihrer Details eine spezielle »geistliche« Bedeutung haben. Wenn wir so an die Gleichnisse herangehen, kommen wir in Schwierigkeiten. Wenn wir alle Gleichnisse als Allegorie behandeln, werden wir aus Jesu Lehren ein heilloses Durcheinander machen. Viele Gleichnisse eignen sich einfach nicht für eine allegorische Auslegung. Es mag amüsant sein – besonders beim Predigen –, bei der Suche nach der vermeintlichen allegorischen Bedeutung aller Details unserer Fantasie freien Lauf zu lassen, aber hilfreich ist das ist.

Der sicherste und wohl exakteste Weg mit Gleichnissen umzugehen besteht darin, die eine zentrale Hauptaussage herauszufinden. Als Faustregel vermeide ich es generell zu allegorisieren, außer dann, wenn das Neue Testament eindeutig auf eine allegorische Bedeutung hinweist. Manche Gleichnisse, beispielsweise das vom verlorenen Sohn, haben ganz offensichtlich mehr als nur eine einzige Aussage. Einige sind komplexe Analogien, andere vergleichende Erzählungen, wieder andere haben eine klare ethische Anwendung. Selbst meine Faustregel von der »zentralen Hauptaussage« kann nicht immer angewendet werden. Die Grundregel ist: Sei vorsichtig und sorgfältig im Umgang mit Gleichnissen. Deshalb ist das Hinzuziehen von mehreren Kommentaren an solchen Stellen ausgesprochen hilfreich und häufig notwendig.

Regel 10: Vorsicht bei Prophetie

Im Umgang mit biblischer Zukunftsprophetie werden mehr Fehler begangen als bei der Auslegung aller anderen Bibeltexte. Die Bandbreite falscher Interpretationen erstreckt sich von der naturalistischen Methode, die grundsätzlich jegliche Prophetie ablehnt, bis hin zur wild spekulierenden Vorgehensweise, die jedes tagespolitische Ereignis als »eindeutige« Erfüllung einer biblischen Prophezeiung deutet.

In der historisch-kritischen Auslegung wird davon ausgegangen, dass alles, was nach einer prophetischen Voraussage und deren Erfüllung riecht, ein Indiz ist, dass der Text erst später hinzugefügt wurde. Dabei setzt man voraus, dass eine konkrete Vorhersage, die tatsächlich erfüllt wird, unmöglich sei. Daher müsse jede historisch erfüllte Prophezeiung bedeuten, dass sie zeitlich nach dem »vorausgesagten« Ereignis verfasst oder eingefügt worden sei. Das ist eine Ausflucht, der man nicht viel Bedeutung beimessen sollte. Hier handelt es sich um »Vor-Urteile« im wahrsten Sinne des Wortes: Der Text wird auf Grund willkürlicher Annahmen im Voraus beurteilt.

Auf der anderen Seite versteifen sich einige konservative Denker darauf, dass jedes Detail biblischer Prophetie wortwörtlich erfüllt werden müsse. Somit lassen sie keinerlei Raum für symbolische Vorhersagen oder für Prophezeiungen, die eine weitere Bedeutung haben.

Wenn wir untersuchen, wie das Neue Testament alttestamentliche Prophezeiungen deutet, dann entdecken wir, dass manchmal eine buchstäbliche Erfüllung erwartet wird – z.B. bei der Geburt des Messias in Bethlehem (Mt 2,5-6; vgl. Mi 5,1-3) –, manchmal aber auch eine Erfüllung in einem weiteren Sinne – z.B. bei der Erfüllung von Maleachis Prophezeiung der Wiederkehr Elias.

Wir wollen die Prophezeiung von Maleachi einmal näher untersuchen und prüfen, wie das Neue Testament sie gebraucht. So werden wir einen Eindruck davon bekommen, wie komplex das Problem der Prophetieauslegung ist. Im letzten Kapitel des Alten Testamentes lesen wir:

> Siehe, ich sende euch den Propheten Elia, ehe denn da komme der große und furchtbare Tag des HERRN; der soll das Herz der Väter den Kindern und das Herz der Kinder wieder ihren Vätern zuwenden, damit ich bei meinem Kommen das Land nicht mit dem Banne schlagen muss! (Mal 4,5-6).

Mit dieser Prophezeiung der Wiederkunft Elias endet das Alte Testament. In den darauf folgenden vierhundert Jahren gab es in Israel keine weiteren prophetischen Offenbarungen. Dann tritt plötzlich Johannes der Täufer auf. Wilde Spekulationen über seine Identität machen die Runde. Im Johannesevangelium lesen wir, dass die Juden aus Jerusalem eine Delegation von Priestern und Leviten schickten, um in Erfahrung zu bringen, wer er ist (Joh 1,19-28). Erst fragten sie: »Bist du der Messias?« Und Johannes verneinte das. Die nächste Frage war: »Bist du Elia?« Die Antwort von Johannes war unmissverständlich. »Ich bin es nicht.«

Das Problem, ob Johannes der Täufer Elia ist oder nicht, wird durch Jesu Aussage in Markus 9,12-13 noch komplizierter:

> Elia kommt zwar zuvor und stellt alles wieder her; und wie steht über den Sohn des Menschen geschrieben? Dass er viel leiden und verachtet werden müsse! Aber ich sage euch, dass Elia schon gekommen ist, und sie taten ihm, was sie wollten, wie über ihn geschrieben steht.

Und in Matthäus 11,13-15 sagt Jesus:

> Denn alle Propheten und das Gesetz bis auf Johannes haben geweissagt. Und wenn ihr es annehmen wollt: Er ist der Elia, der da kommen soll. Wer Ohren hat zu hören, der höre!

Wir stellen also fest, dass Johannes einerseits sagt, er sei nicht der Elia, während Jesus sagt, Johannes sei doch Elia. Man beachte aber, mit welcher Voraussetzung Jesus diese Aussage macht: »Wenn ihr es annehmen wollt.« Offenbar hatte Jesus etwas Geheimnisvolles im Sinn. Vielleicht finden wir die Lösung dieses Rätsels in der Ankündigung der Geburt des Johannes durch den Engel Gabriel: »Und er wird vor ihm hergehen im Geist und in der Kraft Elias, um die Herzen der Väter umzuwenden zu den Kindern ...« (Lk 1,17).

Das Problem klärt sich auf, wenn man bedenkt, dass Johannes natürlich keine Reinkarnation oder persönliche Wiederkehr von Elia selbst war. Aber in gewisser Weise war er doch Elia, er kam im Geist und in der Kraft Elias. Das würde sowohl die geheimnisvolle Aussage Jesu als auch das Abstreiten von Johannes selbst erklären. Der entscheidende Punkt aber ist die Art und Weise, wie Jesus alttestamentliche Prophetie gebraucht. Zumindest in diesem Fall lehrt Jesus eine Erfüllung in einem weiteren, nicht eng buchstäblichen Sinne und besteht nicht auf einer buchstäblich-persönlichen Identität vom Elia mit seiner Erfüllung in Johannes dem Täufer.

Von allen Formen der Prophetie ist die apokalyptische Prophetie am schwierigsten zu deuten. Apokalyptische Literatur zeichnet sich durch ihre Symbolik und ihren Bilderreichtum aus, der manchmal im Bibeltext selbst erklärt wird, aber manchmal auch ungeklärt bleibt. Die drei bekanntesten Bücher dieser Gattung sind Daniel, Hesekiel und die Offenbarung. Die Symbolik Daniels und die Dramatik der Offenbarung wirken sehr befremdend auf uns. Ein wichtiger Schlüssel für die Interpretation dieser Bilder besteht darin, ihre Bedeutung in der gesamten Bibel zu erforschen. Die meisten Bilder der Offenbarung finden sich auch in anderen Teilen der Bibel wieder, insbesondere im Alten Testament.

Die Auslegung von Prophetie ist ein so komplexes Thema, dass es den Rahmen dieses Buches sprengen würde, detaillierter darauf einzugehen. Wer die Schrift studiert, tut gut daran, wenn er sich diesem Gebiet noch mal gesondert widmet. Auch hier muss wieder allgemein die Notwendigkeit von Sorgfalt betont werden. Mit Prophetie müssen wir nüchtern, umsichtig und sorgfältig umgehen. Dann ist es sehr lohnend, prophetische Bücher zu studieren.

Diese praktischen Auslegungsregeln decken nicht alle Probleme ab, die beim Bibelstudium auftauchen können. Sie sind lediglich Hilfen und Richtlinien. Sie liefern keine Zauberformel, die zum perfekten Verständnis jedes einzelnen Bibeltextes führt. Aber sie bieten einige Hilfen, die bestimmte Probleme bei der Schriftauslegung nicht nur identifizieren, sondern auch lösen helfen. Wenn wir diese grundlegenden Richtlinien beachten, ersparen wir uns damit einiges an Verwirrung.

Bibel und Kultur

In seinem Roman *Redburn* erzählt der bekannte US-amerikanische Autor Hermann Melville (Autor von »Moby Dick«) die Geschichte von einem jungen Mann, der das erste Mal zur See fährt. Auf der Reise von den USA nach England gab sein Vater ihm eine uralte Karte von Liverpool mit. Nach einer strapaziösen Reise erreichte Redburn Liverpool und war zuversichtlich, dass die Karte seines Vaters ihn sicher durch die Stadt führen würde. Aber auf die Karte war kein Verlass. Seit ihrer Drucklegung hatte sich zu viel verändert. Frühere Orientierungspunkte der Stadt waren nicht mehr zu finden, Straßen waren umbenannt worden und manche Adressen existierten nicht mehr.

Manche verstehen die Geschichte von Redburn als Melvilles stillen Protest gegen die Unzulänglichkeit der alten Bibel, ihn durch das heutige Leben zu führen. Der gleiche Protest aus Frustration ist auch heute noch von vielen zu hören.

Kulturelle Bedingungen in der Bibel

Eine immer wieder aufflammende Diskussion unter Christen beschäftigt sich mit der Frage, in welcher Weise und in wie weit die Bibel von kulturellen Bedingungen abhängig ist. Wurde die Bibel ausschließlich für Christen des 1. Jahrhunderts geschrieben – oder für Menschen aller Zeiten? Wir möchten sicher gern letzteres rasch bestätigen. Aber können wir das ohne Einschränkung sagen? Gibt es nicht doch Teile der Schrift, die ganz an ihr kulturelles Umfeld gebunden sind und deren Anwendung sich daher auch auf dieses Umfeld beschränkt?

Wir wollen weder behaupten, dass die Bibel per Fallschirm

vom Himmel gefallen sei, von himmlischer Hand in himmlischer Sprache verfasst – einer ganz besonderen Sprache, speziell als Übermittlungsweg der Offenbarung konzipiert –, noch dass die Bibel unmittelbar und ganz direkt von Gott geschrieben wurde, völlig losgelöst von jedweden regionalen Gepflogenheiten und Denkweisen. Deshalb müssen wir uns mit der so genannten kulturellen Kluft befassen, die uns von Zeit und Umfeld der Bibel trennt. Die Bibel spiegelt die Kultur ihrer jeweiligen Zeit wider. Die Frage, die sich uns dadurch stellt, lautet: Wie kann sie heute über uns Autorität haben?

Eine kircheninterne Debatte in den 60er Jahren des 20. Jahrhunderts verdeutlicht das Problem der Kulturfrage. 1967 nahm die Vereinigte Presbyterianische Kirche in den USA ein neues Bekenntnis an, das sich wie folgt über die Bibel äußert:

> Die Schriften der Bibel wurden unter der Leitung des Heiligen Geistes verfasst, sind aber dennoch Worte von Menschen und bedingt von Sprache, Denkweise und literarischen Gepflogenheiten an den Orten und Zeiten ihrer Abfassung. Sie reflektieren die Sicht des Lebens, der Geschichte und des Kosmos, die damals aktuell waren. Die Kirche ist daher verpflichtet, mit literarischer und historischer Fachkenntnis an die Bibel heranzugehen. Da Gott sein Wort in verschiedenen kulturellen Situationen gegeben hat, ist die Kirche zuversichtlich, dass er in einer sich wandelnden Welt und in jeder Form menschlicher Kultur auch weiterhin durch die Schrift reden wird.

Dieses Bekenntnis führte nach seiner Veröffentlichung zu heftigen Debatten. Dabei ging es nicht so sehr um das, was das Bekenntnis sagt, sondern vielmehr darum, was ungesagt blieb. Leider erklärte das Bekenntnis nicht, was mit seinen einzelnen Aussagen gemeint war. Es wurde ein großer Spielraum für eigene Interpretationen und Schlussfolgerungen gelassen. Solange man unter den Aussagen nur das versteht, was ausdrücklich gesagt wird, hätte sowohl der konservativ-bibeltreue B.B. Warfield als auch der existentialistisch-liberale Rudolf Bultmann es unterschreiben können. Wie viel Autorität man der Schrift zubilligt, würde davon abhängen, was man unter dem Wort »bedingt« in diesem Bekenntnis versteht. Zur Zeit der Debatte nahmen viele Konservative sehr daran Anstoß, dass die Bibel in irgendeinem Sinne durch die antike Kultur »bedingt« sein sollte. Liberale dagegen argumentierten, dass die Schrift durch die Kultur nicht nur »bedingt«, sondern an sie gebunden sei.

Neben der Frage, in welchem Sinn und Ausmaß die Bibel durch die Kultur bedingt sei, ging es auch noch um die Frage, ob und in wieweit es stimmt, dass die Bibel »die Sicht des Lebens, der Geschichte und des Kosmos, die damals aktuell waren, reflektiert«. Ist mit »reflektieren« gemeint, dass die Bibel überholte und falsche Sichtweisen des Lebens, der Geschichte und des Kosmos als Wahrheit ausgibt? Ist die kulturelle Perspektive der Bibel Bestandteil ihrer Kernaussagen? Oder bedeutet »reflektieren«, dass wir in der Bibel zwischen den Zeilen lesen und Dinge sehen können, wie phänomenologische Ausdrucksweise und eine kulturelle Prägung, inmitten derer eine Botschaft vermittelt wird, die die Kultur übersteigt? Unsere Antworten auf diese Fragen zeigen, welches Schriftverständnis wir haben. Und unsere Ansicht vom Wesen der Schrift wird unsere Auslegung bestimmen. Die entscheidende Frage ist: In welchem Ausmaß wird die Relevanz und Autorität der Bibel eingeschränkt durch Veränderungen menschlicher Strukturen und Perspektiven?

Wer die Bibel studiert und zu einer akkuraten Auslegung eines Bibeltextes gelangen und verstehen will, was gesagt und gemeint ist, der muss sich mit der Sprache befassen (Griechisch und Hebräisch) sowie mit Stil, Grammatik, historischem und geografischem Kontext, Autor, Empfängern und Textgattung (siehe Kapitel 3). Solche Analysen sind bei der jeder Art von Literatur notwendig – selbst bei zeitgenössischer Literatur.

Kurz gesagt: Je besser ich den jüdisch-römischen Kulturraum des 1. Jahrhunderts verstehe, desto leichter fällt es mir, Texte aus dieser Zeit richtig zu verstehen. Aber die Bibel wurde vor langer Zeit und in einer uns sehr fremden Kultur geschrieben. Daher ist es nicht immer einfach, die tiefe Kluft von zig Jahrhunderten zu überbrücken.

Kulturelle Bedingungen beim Leser

Das Problem wird noch dadurch verstärkt, dass nicht nur die Bibel durch ihr kulturelles Umfeld geprägt ist, sondern auch ich selbst von meinem eigenen Kulturkreis beeinflusst werde. Für mich ist es oft schwierig, zu hören und zu verstehen, was die Bibel sagt, weil ich eine Vielzahl außerbiblischer Annahmen an sie herantrage. Das ist wahrscheinlich das größte Problem der »Kulturbedingtheit«. Niemand kann jemals verhindern, irgendwie ein Kind seiner Zeit zu sein. Ich bin sicher, dass auch ich Ansichten vertrete und lehre, die mit dem Christentum nichts zu tun haben, sondern durch meinen eigenen Hintergrund sich in meinem Denken eingenistet haben. Wenn ich wüsste, welche meiner Ansichten der Schrift widersprechen, würde ich sie zu ändern versuchen. Aber meine eigenen Meinungen auszusortieren, ist nicht immer einfach. Wir neigen dazu, die gleichen Fehler immer wieder zu machen. In der Psychologie spricht man vom »blinden Fleck«, weil man sich selbst nicht vollständig wahrnimmt.

Das Problem der subjektiven blinden Flecken wurde mir bewusst, als ich eine Hifi-Anlage aus einem Bausatz selber zusammenbauen wollte. Ich kaufte den Bausatz und bat einen Freund, der sich gut mit Elektronik auskennt, mir bei der Montage zu helfen. Während ich die Anleitungen las, verkabelte er sorgfältig die Komponenten in über zweihundert Arbeitsschritten. Als wir fertig waren, lehnten wir uns zurück, um die Musik zu genießen. Aber was wir dann hörten, war nicht von dieser Welt. Es klang mehr wie Musik vom Mars als irgendetwas Irdisches! Der seltsame Missklang machte unmissverständlich deutlich, dass wir einen Fehler gemacht hatten.

Mühsam verfolgten wir jeden Arbeitsschritt zurück. Wir gingen den Schaltplan und die Anleitung noch ganze acht Mal durch, fanden aber keinen Fehler. Schließlich entschlossen wir uns aus lauter Verzweiflung, unsere Rollen zu tauschen. Diesmal sollte mein Freund die Anleitung vorlesen und ich (ein absoluter Laie) überprüfte die Verkabelung. Ungefähr bei Schritt 134 fand ich den Fehler. Ein Draht war an den falschen Anschluss gelötet worden. Wie konnte das passieren? Mein Freund, der Experte, hatte im ersten Durchgang einen Fehler gemacht. Er machte den gleichen Fehler auch die darauf folgenden acht Mal. Wahrscheinlich hat ihn seine fehlerbehaftete Perspektive für diesen Fehler auch bei den weiteren Durchgängen blind gemacht. Genauso gehen wir oft an die Bibel heran. Das ist ein Grund, warum wir unseren Eifer, die Bibel zu kritisieren, zügeln und ihr erlauben müssen, uns zu kritisieren. Wir müssen uns bewusst sein, dass die Perspektive, mit der wir an die Bibel herangehen, leicht zur Verdrehung der Wahrheit führen kann.

Ich bin überzeugt, dass die heutige säkulare Denkweise ein sehr viel problematischeres Hindernis für exakte Bibelauslegung ist als das kulturelle Umfeld der Bibel. Das ist eine der Hauptgründe, warum die Reformatoren die Exegese nach dem *Tabula-rasa*-Ideal (»unbeschriebenes Blatt«) angingen. Vom Ausleger wurde erwartet, dass er so gut wie irgend möglich versucht, den Text mithilfe der grammatisch-historischen Methode objektiv zu lesen. Zwar stellen subjektive Einflüsse immer eine unvermeidliche Gefahr der Verzerrung dar, aber vom Bibelstudenten wurde erwartet, dass er im Streben nach diesem Ideal jede verfügbare Schutzmaßnahme nutzt und auf die Botschaft der Bibel hört, ohne seine eigenen Vorannahmen hineinzulesen.

Eine der bedeutendsten neueren Ansätze der Schriftauslegung ist die »existentiale Interpretation« Rudolf Bultmanns. Sie hat sich durch ihre neue Hermeneutik scharf von der klassischen Methode abgegrenzt. Bultmann ist nicht nur der Meinung, dass das Tabula-rasa-Ideal nicht erreichbar, sondern dass es gar nicht erstrebenswert sei. Da die Bibel in einer vorwissenschaftlichen Epoche geschrieben wurde und praktisch das Ergebnis prägender Einflüsse auf die frühkirchliche Gemeinschaft war, müsse sie modernisiert werden, bevor sie für uns relevant sei. Bultmann ruft zu einem Vorverständnis auf, dass notwendig sei, bevor wir überhaupt zum Text vordringen könnten. Wenn ein moderner Mensch aus der Bibel gültige Antworten auf seine Fragen bekommen möchte, müsse er zunächst die richtigen Fragen an die Bibel stellen. Und diese Fragen könnten nur durch ein korrektes philosophisches Verständnis von der Existenz des Menschen ermittelt werden. Ein solches Verständnis wäre aber nicht aus der Schrift herzuleiten, sondern müsste formuliert werden, bevor man zur Bibel greift.

Nach dieser Auffassung ist der Bibeltext aus dem 1. Jahrhundert weniger von den damaligen Bedingungen geprägt, als vielmehr an das moderne Denken gebunden. (Bultmann leitet sein eigenes Vorverständnis aus Martin Heideggers Existentialphilosophie ab.) Das Ergebnis ist, dass die Bibel subjektiviert und aus ihrem geschichtlichen Hintergrund herausgelöst wird. Die Botschaft aus dem 1. Jahrhundert wird hier ganz vom heutigen Denken überfrachtet und überschattet, ja, assimiliert.

Selbst wenn sich Bibelausleger auf eine Auslegungsmethode einigen könnten oder sogar auf die Auslegung selbst, bliebe immer noch die Frage nach der Anwendung, Relevanz und Verbindlichkeit des Textes für uns heute. Wenn wir uns einig sind, dass die Bibel von Gott inspiriert ist und nicht nur das Produkt vorwissenschaftlicher Autoren, stehen wir immer noch vor der Frage nach der Anwendung. Hat das, was die Bibel den Christen des 1. Jahrhunderts gebietet, irgendeine praktische Anwendung für uns? In welchem Sinne bindet die Schrift heute unser Gewissen?

Allgemeingültig oder situationsbedingt?

Wir kommen nicht umhin, eine Systematik und Richtlinien aufzustellen, um zwischen allgemeingültigen Prinzipien und situationsbedingtem Verhalten zu unterscheiden – es sei denn, wir wollen behaupten, dass die Bibel ausschließlich allgemeingültige Prinzipien enthält, die allen Menschen aller Zeiten gelten, oder aber dass die Bibel ausschließlich kulturell begrenzte Gepflogenheiten beinhaltet, die keine Bedeutung über ihren historischen Kontext hinaus haben.

Um das Problem zu veranschaulichen, überlegen wir einmal, was passiert, wenn wir die ganze Bibel als prinzipiell allgemeingültig verstehen und kultur- und situationsbedingtes Handeln kategorisch ausschließen. Wenn dies der Fall ist und wir der Schrift gehorchen wollen, müssen einige radikale Veränderungen in unserer Evangelisationspraxis vorgenommen werden. Jesus sagte:

»Traget weder Beutel noch Tasche noch Schuhe und grüßet niemand auf dem Wege« (Lk 10,4). Wenn wir diesen Text zu einem kulturübergreifenden Prinzip machen, wird es höchste Zeit, dass alle Evangelisten barfuß predigen! Offensichtlich geht es in dieser Schriftstelle nicht um eine allgemeine Verordnung der Barfußevangelisation.

In anderen Fällen ist das aber nicht so leicht zu erkennen. Zum Beispiel gibt es unter Christen verschiedene Auffassungen über die Fußwaschung. Ist die Fußwaschung ein unbefristeter, allgemeingültiger Auftrag für die Kirche, oder war sie eine situationsbedingte Handlung, die das Prinzip demütigen Dienens verdeutlichte? Bleibt in unserer Kultur des festen Schuhwerks das Prinzip bestehen und verschwindet nur die Handlung an sich? Oder bleibt die Handlung samt Prinzip bestehen, ganz unabhängig von der aktuellen Fußbekleidungskultur?

Um die Komplexität des Dilemmas zu verdeutlichen, wollen wir einmal den bekannten »Kopfbedeckungstext« aus 1. Korinther 11 näher untersuchen. In den meisten Übersetzungen lesen wir hier, dass eine Frau ihren Kopf verschleiern soll, wenn sie weissagt oder betet. Wenn wir diese Regel auf unsere heutige Zeit anwenden, haben wir vier verschiedene Möglichkeiten:

1.) Sie ist gänzlich situationsbedingt. Die ganze Schriftstelle spiegelt eine kulturelle Gepflogenheit wider, die für uns heute keine Relevanz mehr hat. Der Schleier war ein regional üblicher Kopfschmuck; ein unbedeckter Frauenkopf war ein Zeichen für Prostitution. Das Zeichen der Unterordnung der Frau unter den Mann war ein jüdischer Brauch, der durch die Gesamtlehre des Neuen Testamentes überholt ist. Da wir in einer anderen Kultur leben, braucht die Frau heute nicht mehr ihren Kopf zu verschleiern. Es ist nicht erforderlich, dass sie ihren Kopf in irgendeiner Weise bedeckt und es ist auch nicht nötig, dass sie sich dem Mann unterordnet.

2.) Sie ist ein gänzlich allgemeingültiges Prinzip. In diesem Fall wird die gesamte Schriftstelle als kulturübergreifendes Prinzip verstanden. Das würde in der Anwendung bedeuten, dass Frauen a) beim Beten Männern gegenüber unterwürfig sein müssen, b) ihre Unterordnung stets durch eine Kopfbedeckung zum Aus-

druck bringen müssen und c) ihren Kopf mit einem Schleier bedecken müssen, da dies das einzig angemessene Zeichen der Unterordnung ist.

*3.) Es ist zum Teil allgemeingültig und zum Teil situationsbedingt
(Alternative A).* Bei diesem Verständnis wird ein Teil des Textes
zum Prinzip und somit als verbindlich für alle Generationen erklärt, und ein anderer Teil wird als bloße Sitte angesehen und
ist deshalb für uns nicht mehr von Bedeutung. Das Prinzip der
weiblichen Unterordnung gilt kulturübergreifend, aber die Art,
wie das ausgedrückt wird (damals durch die Verschleierung), ist
kulturell bedingt und veränderlich.

4.) Es ist zum Teil allgemeingültig (Alternative B). Die vierte
Möglichkeit ist, dass sowohl das Prinzip der weiblichen Unterordnung als auch die symbolische Kopfbedeckung zeitlos allgemeingültig sind. Allerdings kann sich die Art der Kopfbedeckung
von Kultur zu Kultur unterscheiden. Der Schleier kann durch ein
Kopftuch oder einen Hut ersetzt werden.

Welche dieser Alternativen hat Gottes Wohlgefallen? Ich habe
sicherlich nicht die endgültige Antwort darauf. Fragen dieser Art
sind gewöhnlich sehr kompliziert und lassen sich nicht so einfach
lösen. Eines ist aber klar: Wir brauchen praktische Regeln, die
uns bei der Lösung solcher Probleme helfen. Oft erfordern solche
Fragen eine aktive kurzfristige Entscheidung und können nicht
auf die theologische lange Bank geschoben werden, damit sich die
nächste Generation vielleicht irgendwann damit beschäftigt. Die
folgenden Regeln sollen uns behilflich sein:

Regel 1: Suche die Lösung in der Bibel selbst

Wenn wir die Bibel näher untersuchen, sehen wir, dass sie eine
gewisse kulturelle Flexibilität einräumt. Beispielsweise wurden
göttliche Prinzipien aus der Kultur des Alten Testaments in einer
neutestamentlichen Kultur erneuert. Wenn wir sehen, dass alttestamentliche Gesetze und Prinzipien im Neuen Testament neu
formuliert werden, erkennen wir, dass ein allgemeines Herzstück
dieser Prinzipien kulturübergreifend ist. Gleichzeitig sehen wir,

dass manche alttestamentlichen Prinzipien (wie z. B. die Speisevorschriften im mosaischen Gesetz) im Neuen Testament sogar aufgehoben werden. Das muss nicht heißen, dass die alttestamentlichen Speisegebote lediglich eine jüdische Sitte waren. Aber wir sehen, dass es eine andere heilsgeschichtliche Situation war, in der Christus diese alten Gesetze für überholt erklärt hat. Wir müssen sorgfältig beachten: Weder das Übertragen *aller* alttestamentlichen Prinzipien auf das Neue Testament, noch das Übertragen *keiner* dieser Prinzipien ist von der Bibel her gerechtfertigt.

Welche kulturellen Gepflogenheiten können möglicherweise an andere Kulturen angepasst werden? Erstens ist Sprache sicher ein besonders flexibles Kulturgut. Die alttestamentlichen Gebote konnten vom Hebräischen ins Griechische übersetzt werden. Das gibt uns zumindest eine grobe Vorstellung, wie flexibel sprachliche Kommunikation ist. Das bedeutet, Sprache ist ein veränderbares Kulturgut – aber nicht in dem Sinne, dass der Inhalt der Bibel sprachlich verändert wird, sondern dass das Evangelium sowohl auf Deutsch als auch auf Griechisch gepredigt werden kann.

Zweitens ist die alttestamentliche Kleiderordnung nicht zeitlos verbindlich für alle Gläubigen. Das Gebot der Sittsamkeit bleibt, aber der Kleidungsstil kann sich ändern. Das Alte Testament schreibt keine Gott allein wohlgefällige Uniform vor, die von allen Gläubigen zu allen Zeiten getragen werden muss. Auch weitere übliche kulturelle Unterschiede, beispielsweise die Währung, unterliegen natürlich ebenfalls dem Wandel. Christen sind nicht dazu verpflichtet, in Denare statt Euro zu bezahlen.

Eine solche Analyse kultureller Ausdrucksformen mag bei Kleidung und Währung relativ einfach sein, aber bei kulturellen Institutionen wird es schwieriger. Zum Beispiel wurde das Thema Sklaverei oft in die aktuellen Diskussionen über Autoritätsverhältnisse im Staat und in der Ehe eingebracht. Im selben Zusammenhang, in dem Paulus die Frau aufruft, sich ihrem Mann unterzuordnen, fordert er auch die Sklaven auf, ihren Herren zu gehorchen. Daher wird argumentiert: Da im Neuen Testament die Saat für die Abschaffung der Sklaverei gelegt worden sei, sei hier auch die Saat für die Abschaffung der Unterordnung der Frau zu finden. Beides seien kulturbedingte Institutionen, wird argumentiert.

Hier müssen wir sorgfältig unterscheiden zwischen Institutionen, deren Existenz die Bibel lediglich anerkennt, wie z. B. die Obrigkeit (Röm 13,1), und solchen, die die Bibel selbst aktiv eingerichtet, bestätigt und verordnet hat. Das Prinzip der Unterordnung unter bestehende Autoritätsstrukturen (wie die römische Regierung) lässt nicht unbedingt die Schlussfolgerung zu, dass Gott diese Institution gutheißt, sondern ruft nur zu Demut und bürgerlichem Gehorsam auf. In seiner souveränen Vorsehung kann Gott einen römischen Kaiser einsetzen, ohne ihn damit als Vorbild christlicher Tugenden hinzustellen. Doch die Institution und Autoritätsstruktur der Ehe wird in beiden Testamenten ausdrücklich verordnet und festgeschrieben. Wer die biblischen Anordnungen für eine christliche Familie in einen Topf mit der Sklaverei wirft, verwischt dadurch viele bedeutende Unterschiede zwischen den beiden Themen. Die Bibel liefert sowohl die Anweisungen, wie man sich als Christ verhalten soll, wenn man Unterdrückung oder Unrecht erfährt, als auch die Strukturen, die den guten Schöpfungsplan widerspiegeln.

Regel 2: Berücksichtige die besondere Situation der Christen des 1. Jahrhunderts

Es ist eine Sache, wenn man durch das Studium der Kultur des 1. Jahrhunderts ein besseres Bibelverständnis erstrebt, aber es ist etwas ganz anderes, wenn man das Neue Testament so auslegt, als sei es lediglich ein reines Abbild der Kultur des 1. Jahrhunderts. Wer so an das Neue Testament herangeht, übersieht völlig den Konflikt, in dem die Frühkirche stand, als sie mit eben dieser Kultur des 1. Jahrhunderts konfrontiert wurde. Christen wurden nicht etwa deshalb den Löwen vorgeworfen, weil sie sich so bereitwillig anpassten.

Einige sehr feinsinnige Methode, einen Bibeltext zu relativieren, besteht darin, kulturelle Hintergründe zu Unrecht in einen Text hineinzulesen. Beim Thema Kopfbedeckung im 1. Korintherbrief zum Beispiel erwähnen viele Ausleger, dass es in Korinth ein Zeichen für Prostitution gewesen sei, wenn eine Frau sich ihren Kopf nicht bedeckte. Deshalb kursiert das Argument, Paulus hätte mit der Anweisung der Kopfbedeckung vermeiden wollen, dass Christinnen wie Prostituierte herumlaufen. Was stimmt an dieser Spekulation nicht? Das Problem dabei ist, dass Paulus zwar selbst ein Argument für seine Anweisung anführt, aber aufgrund der rekonstruierten Kenntnis des antiken Korinth meint man, Paulus ein ganz anderes Argument unterschieben zu müssen. Man legt also nicht nur Worte in den Mund des Apostels, sondern ignoriert zudem das, was er tatsächlich geschrieben hat. Wenn Paulus die Frauen in Korinth einfach nur aufgefordert hätte, ihren Kopf gefälligst zu bedecken, ohne seine Anweisung zu begründen, dann wären wir sehr geneigt, eine Begründung aus unserer Kulturkenntnis herzuleiten. Aber in diesem Fall führt Paulus selbst eine Begründung an: Der Grund liegt nicht in den Sitten korinthischer Huren, sondern in der Schöpfungsordnung (1Kor 11,8-10). Wir müssen uns hüten, dass unser Eifer und unsere Kenntnis der antiken Kultur uns nicht dazu verleiten, das zu verdrehen, was ausdrücklich geschrieben steht. Die von Paulus angeführte Begründung zu verwerfen und durch die eigene spekulative Argumentation zu ersetzen, ist ein Affront gegenüber dem Apostel und dem Wort Gottes. Dadurch macht man die Exegese zu einer Eisegese.

Regel 3: Die Schöpfungsordnung ist absolut kulturunabhängig

Biblische Prinzipien, die niemals kulturell angepasst werden, sind jene Prinzipien, die auf der Schöpfungsordnung basieren. Wenn die Bibel sich auf die Schöpfungsordnung beruft, bezieht sie sich auf die Bestimmungen eines Bundes, den Gott mit uns als Menschen geschlossen hat. Die Gebote der Schöpfung hat er uns nicht als Hebräer oder Christen oder Korinther gegeben, sondern sie wurzeln in unserer grundsätzlichen Verantwortung als Menschen gegenüber Gott. Prinzipien der Schöpfung als bloße kulturelle Gepflogenheiten beiseite zu schieben, ist die schlimmste Art, die

Bibel zu relativieren und ihrer Geschichtlichkeit zu berauben. Aber genau in diesem Punkt haben viele Theologen biblische Prinzipien relativiert. Hier sehen wir die üblen Folgen von Bultmanns existentialer Auslegungsmethode am offenkundigsten. Als Beispiel für die Wichtigkeit der Schöpfungsordnung betrachten wir einmal Jesu Aussagen über Ehebruch. Als die Pharisäer Jesus prüften und ihn fragten, ob es Fälle gibt, in denen Ehescheidung erlaubt ist, antwortete Jesus mit dem Verweis auf die Schöpfungsordnung:

> Habt ihr nicht gelesen, dass der Schöpfer die Menschen am Anfang als Mann und Frau erschuf und sprach:»Darum wird ein Mensch Vater und Mutter verlassen ... Was nun Gott zusammengefügt hat, das soll der Mensch nicht scheiden« (Mt 19,4-5).

Wenn wir Situation dieser Begebenheit rekonstruieren, stellen wir fest, dass die Pharisäer Jesu Meinung zu einem Thema hören wollten, das scharf zwischen den Schulen des Rabbi Schammai und des Rabbi Hillel trennte. Aber Jesus schlug sich nicht auf eine der beiden Seiten, sondern führte das Thema auf seine Wurzel zurück: die Schöpfungsordnung. Dadurch rückte er die Normen für die Ehe ins Blickfeld. Natürlich erkannte er Moses Anpassung der Schöpfungsordnung an, aber er weigerte sich, dieses Gebot wegen des öffentlichen Drucks oder der kulturellen Auffassungen seiner Zeitgenossen weiter zu lockern. Wir können daraus schließen, dass die Schöpfungsordnung allgemein verbindlich gilt, es sei denn, sie wird durch spätere biblische Offenbarung ausdrücklich modifiziert.

Regel 4: Bei Unsicherheit, sei demütig!

Was aber sollen wir tun, wenn wir nach der sorgfältigen Analyse eines biblischen Befehls immer noch im Unklaren sind, ob es sich um ein allgemeingültiges Prinzip oder um eine kulturbedingte Gepflogenheit handelt? Wie gehen wir vor, wenn wir uns für das eine oder andere entscheiden müssen, aber keine sicheren Anhaltspunkte für eine richtige Entscheidung haben? Hier kann das biblische Prinzip der Demut sehr hilfreich sein. Die Sache ist klar. Ist es besser, eine womöglich nur kulturelle Gepflogenheit irrtümlich als Prinzip zu erklären und sich in dem Wunsch, Gott zu gehorchen, übertriebener Gewissenhaftigkeit schuldig zu machen? Oder wäre es besser, ein etwaiges Prinzip als Kulturgut abzutun und sich dessen schuldig zu machen, ein allgemeingültiges Gebot Gottes zu einer rein menschlichen Gepflogenheit zu degradieren? Ich hoffe, die Antwort liegt auf der Hand.

Wenn das Prinzip der Demut ohne die anderen genannten Regeln angewendet wird, kann es leicht als Begründung für Gesetzlichkeit missbraucht werden. Wir haben kein Recht, das Gewissen von Christen zu beherrschen, wo Gott Freiheit gegeben hat. Dieses Prinzip kann nicht auf absolutistische Art überall dort angewendet werden, wo die Schrift schweigt. Es ist dort anzuwenden, wo wir eine biblische Anweisung finden, bei der unklar bleibt, ob sie allgemeingültig oder kulturell bedingt ist, nachdem alle möglichen Methoden der Exegese ausgeschöpft worden sind.

Diese exegetische Arbeit durch eine pauschale Simplifizierung abzukürzen, würde die Unterscheidung zwischen Prinzip und Kultur verschleiern. Das Prinzip der Demut ist eine Hilfestellung für den schlimmsten anzunehmenden Fall und es würde nur schaden, wenn es voreilig bemüht würde.

Das Problem der Kulturbedingtheit ist real. Zeitliche, örtliche und sprachliche Barrieren erschweren häufig eine klare Kommunikation. Und doch sind diese Kulturbarrieren nicht so schwerwiegend, dass sie uns zu Skepsis verleiten oder an Gottes Wort verzweifeln lassen sollten. Es ist tröstlich, dass die Bibel wirklich die einzigartige Fähigkeit hat, die tiefsten Nöte des Menschen anzusprechen und das Evangelium wirksam Menschen aller Zeiten und aus allen Orten und Hintergründen zu vermitteln. Das Kulturproblem kann die Macht des Wortes nicht schwächen.

Hilfsmittel fürs Bibelstudium

Vorbemerkung: Für die deutschsprachige Situation mussten hier einige Anpassungen vorgenommen werden. Ergänzungen und Änderungen des deutschen Herausgebers sind durch diese gesonderte Schriftart gekennzeichnet.
Jeder Arbeiter benötigt gutes Werkzeug für seine Arbeit. Theologiestudenten, Bibelschüler und eigentliche alle Bibelleser fragen und suchen nach geeignetem Werkzeug für ihre Arbeit. Welche Übersetzung soll ich benutzen? Welche Konkordanzen gibt es? Diese Fragen zeigen, dass es diesen Gläubigen wirklich am Herzen liegt, ihre Bibel sorgfältig zu studieren. Viele finden es erbaulich und gar nicht schwer, genug Griechisch und Hebräisch zu lernen, um wertvolle Werkzeuge für die Auslegung nutzen zu können. Im Folgenden mache ich einige Vorschläge und nenne Hilfen für diejenigen, die eine bessere Bibelkenntnis und ein tieferes Schriftverständnis erlangen möchten.

Bibelübersetzungen

Ich werde sehr oft gefragt:»Welche Bibelübersetzung sollte ich für mein persönliches Bibelstudium verwenden?« Das ist gar nicht leicht zu beantworten. Es gibt so viele gute Versionen, dass die Wahl schwer fällt. Manche unterscheiden sich nur in Stil und Format und es stellt sich daher die Frage nach den literarischen Vorlieben des Lesers.
Dennoch gibt es einige grundlegende und wichtige Unterschiede zwischen Übersetzungen. Diese Unterschiede beruhen auf den verschiedenen Vorgehensweisen und Methoden beim Übersetzen. Es gibt grundsätzlich drei Methoden:

1.) Die formal wortgetreue Methode

Diese erste Methode hält sich so nah wie möglich an den griechischen (oder hebräischen) Grundtext und übersetzt Wort für Wort. Die strikte Treue zur Originalsprache steht hier im Vordergrund, und dementsprechend wird wörtlich übersetzt. Die Stärke dieser Methode liegt natürlich in der wörtlichen Genauigkeit. Ihre Schwäche ist unvermeidlich der schwerfällige und holprige Stil. Jeder Text, der auf diese Weise von einer Sprache in die andere übersetzt wird, ist schwer zu lesen. Solche Übersetzungen sind sehr nützlich zum Bibelstudium, aber etwas weniger gut geeignet für das Lesen und Vorlesen. Beispiel: Die Elberfelder Bibel.

2.) Die dynamisch-äquivalente Methode

Diese Methode, die vornehmlich bei modernen Übersetzungen angewandt wird, erstrebt maximale Leseflüssigkeit bei minimaler Sinnänderung. Da zu Sätzen zusammengefügte Worte bestimmte Gedanken und Konzepte ausdrücken, ist es hier das Ziel, die Aussage bzw. den Sinn des Textes exakt zu kommunizieren. Beispiele: Die Luther-Bibel und die Schlachter-Bibel.

3.) Das Übertragen in moderne Sprache (Paraphrasieren)

Diese Methode ist eine Erweiterung der dynamischen Äquivalenz. Die Aussagen werden umformuliert und ihre Bedeutung weiter ausgeführt, um sicherzustellen, dass sie gut kommuniziert werden. Es gibt verschiedene Arten zu übertragen. Eine neuere Form ist die modernisierende Übertragung, beispielsweise in der »Hoffnung für alle« oder der »Gute Nachricht Bibel«. Hier liegt der Schwerpunkt auf der Lesbarkeit und der Relevanz für die moderne Denkweise. Je mehr sich eine Übersetzung in Richtung Übertragung bewegt, desto größer wird die Gefahr, dass Aussagen verfälscht werden. Auch wenn viele Übertragungen hilfreich beim ersten Lesen der Bibel sein können, sind sie für ernsthaftes Bibelstudium nicht zu empfehlen. Meiner Meinung nach ist in dieser Hinsicht die »Hoffnung für alle«, die deutsche Version der englischsprachigen »Living Bible«, am wenigsten geeignet.

Kommentierte Bibeln und Studienbibeln

In vielen Bibelausgaben wurden Anmerkungen und Fußnoten hinzugefügt. In den meisten Fällen ist das sehr hilfreich. Erklärungen zu altertümlichen Begriffen, Bräuchen oder Gegenständen können dem Leser das Nachschlagen im Bibellexikon ersparen. Die Hervorhebung hinzugefügter Wörter in der Übersetzung, z. B. durch Kursivschrift oder eckige Klammern, ist ebenfalls hilfreich. Auch Bemerkungen, die auf Textvarianten hinweisen, sind wichtig. Sie zeigen auf, dass der Text in den alten Handschriften unterschiedlich überliefert wurde. Auf Grundlage der Textkritik muss der Übersetzer Entscheidungen fällen, auf welche Textgrundlage er für die Übersetzung zurückgreift. Wenn er die verworfenen Alternativen angibt, kann der Leser diese Entscheidung nachverfolgen.

Viele Bibeln bieten Parallelstellenangaben. Dadurch wird es möglich, Begriffe und Gedankenkonzepte quer durch die ganze Bibel zu verfolgen, ohne ständig in der Konkordanz nachschlagen zu müssen. Eine Bibel mit einem System von kettenartig verbundenen Verweis- und Parallelstellen ist die Thompson-Studienbibel.

Studienbibeln enthalten darüber hinaus einen mehr oder weniger ausführlichen Kommentar. Die bekannteste ist die Scofield-Bibel. Obwohl ich selbst Herausgeber einer Studienbibel bin, der *Genfer Studienbibel* (Originaltitel: *New Geneva Study Bible*, Neuausgabe: *Reformation Study Bible),* habe ich persönlich Vorbehalte gegen solche Bibeln. Das liegt nicht so sehr an ihren bestimmten theologischen Richtungen, sondern weil ich prinzipiell Vorbehalte gegen einen fortlaufenden Kommentar innerhalb der Bibel habe. Unser Gedächtnis ist fehleranfällig. Immer wieder habe ich gesehen, wie Menschen sich aufregten, wenn ein Redner die Auslegung in solch einer Studienanmerkung kritisierte. Der Zuhörer war sicher, dass der Redner die Bibel selbst kritisierte. Das Problem ist, dass man die Bibel öffnet und den Text auf der Seite liest. Vielleicht sind drei Viertel des Textes Bibeltext und das andere Viertel besteht aus Kommentaren und Erklärungen. Viel zu oft unterscheidet der Durchschnittsleser (insbesondere im Nachhinein, wenn er sich an das Gelesene erinnert) nicht richtig zwischen

Bibeltext und menschlichem Kommentar. Da die Kommentare auf derselben Seite stehen wie der Bibeltext, neigen Studienbibeln dazu, ihre Anmerkungen im Denken der Leser zu »inspirieren«.

Bei einigen älteren Ausgaben des Alten Testamentes steht als Überschrift des ersten Kapitels: »Genesis, das Buch der Anfänge, 4004 v. Chr.« Kein Wunder, dass unzählige Menschen bereit waren, für Bischof Usshers spekulative Datierung der Schöpfung auf 4004 v. Chr. zu sterben! Sie hatten es in ihrer Bibel gelesen. Ich möchte aber betonen, dass meine Abneigung prinzipiell ist und sich nicht gegen eine bestimmte Richtung oder Lehre wendet.

In gewissem Sinn ist jede Bibelübersetzung auch ein Kommentar. Bei jedem Übersetzungsprozess müssen Entscheidungen getroffen werden, welche Wörter samt ihrer Bedeutung man wählt. Eine perfekte Übersetzung gibt es also nicht. Selbst die Übersetzungen, die mehrmals von unterschiedlichen Instanzen durch Expertenteams überprüft wurden, reflektieren doch unvermeidbar eine individuelle oder gemeinsame Ausrichtung der Übersetzer. Diese Voreingenommenheit wird oft auf ein Minimum beschränkt und sollte uns nicht allzu sehr beunruhigen. Aber wir sollten uns dieser grundsätzlichen menschlichen Schwäche in der Übersetzung bewusst sein.

Die Jerusalemer Bibel z. B. mag eine recht ordentliche Übersetzung sein, doch bei näherem Hinsehen wird deutlich, dass sie aus römisch-katholischer Feder stammt. Andere Bibelausgaben sind geprägt von einer liberalen Theologie. Die »Hoffnung für Alle« und »Gute-Nachricht-Bibel« sind zum Teil von einer humanistisch beeinflussten Theologie geprägt (vgl. Rudolf Ebertshäuser: »Gottes Wort oder Menschenwort? Moderne Bibelübersetzungen unter der Lupe«). Deshalb sollte man solche Übersetzungen nicht in Bausch und Bogen verwerfen, aber sich auf jeden Fall mit wachem Auge dieser Tendenzen bewusst sein.

Kommentare

Kommentare sind für das Bibelstudium ein unentbehrliches Hilfsmittel. Wenn ich keine guten Kommentare hinzuziehe, dann missbrauche ich das Prinzip der »persönlichen Auslegung«, indem ich mich allein auf mein eigenes Urteil verlasse, wie die Schrift richtig zu verstehen ist. Kommentare helfen, uns selbst auf Vorurteile und Einseitigkeiten zu überprüfen und ausgewogen zu urteilen. Dem Leser steht eine große Auswahl an Kommentaren zur Verfügung. Sie erstrecken sich von Gesamtausgaben für die ganze Bibel bis hin zu sehr technischen Werken zu einzelnen Bibelbüchern, von erbaulichen Betrachtungen bis hin zu wissenschaftlicher Exegese. (Leider sind solche Kommentare, die der Autor von seinem reformatorischen Hintergrund her empfehlen würde, auf Deutsch wenig verfügbar. Der Betanien Verlag ist bemüht, vemehrt solche Kommentare auf Deutsch herauszugeben. Halte dich diesbezüglich über Neuerscheinungen bibeltreuer Verlage auf dem Laufenden.)

Kommentare zur ganzen Bibel in einem Band

Der Vorzug dieser Kommentare ist ganz einfach der Preisvorteil. Ein umfangreicher Gesamtkommentar ist viel günstiger als die Anschaffung von ganzen Kommentarreihen. Der Nachteil ist ihre Kompaktheit und die daraus resultierende Kürze des Kommentars. Die Kommentare sind oft so kurz, dass sie keine gründliche Textanalyse beinhalten. Am besten entscheidet man sich für einen solchen Gesamtkommentar, der nicht von einem einzelnen Autor, sondern von einem Team verfasst wurde. Der Grund für dieses Kriterium ist offensichtlich: Kein einzelner Mensch kann die ganze Bibel so gut kommentieren, wie ein Team von Fachleuten, die sich auf einzelne Bücher spezialisiert haben. Meine Empfehlung für einen solchen Gesamtband ist *The New Bible Commentary* von InterVarsity Press (auf Deutsch erschienen unter dem Titel: *Kommentar zur Bibel*, Hrsg. von D. Guthrie und A. Motyer, R. Brockhaus Verlag).

Kommentarreihen

Es gibt verschiedene Kommentarreihen und -sets mit unterschiedlichem theologischen Niveau. Beispiele für eher einfache

Kommentarreihen sind »The Expositor's Bible Commentary«, die »Tyndale Old and New Testament«-Reihe, »The Bible Speaks Today« und die Kommentarreihe zum Neuen Testament von William Barclay. Von diesen kann ich Barclay nicht empfehlen. Seine Kommentare sind zwar sehr beliebt, leicht verständlich und enthalten hervorragende Illustrationen. Aber Barclay offenbart eine schwache Sicht von der Schrift und neigt dazu, die übernatürlichen Aspekte der Person und des Werkes Christi zu »entmystifizieren«. Die Wunder im Neuen Testament werden oft »wegerklärt« und die Botschaft verwässert.

Etwas anspruchsvollere Kommentare sind die Reihen »The New International Commentary«, »The Anchor Bible Commentary«, »Word Biblical Commentary«, »The New International Greek Testament Commentary« und »The Interpretation Commentary«. Davon ist die Reihe »New International Commentary« die konservativste und die Reihe »Interpretation Commentary« die liberalste.

Einzelbände

Empfehlenswerter als die Anschaffung einer kompletten Kommentarreihe ist die Auswahl einzelner Kommentare. Das ist zwar die teuerste Variante, aber auch die sinnvollste. Denn jede Reihe enthält gute und weniger gute Bände. Wenn man aber Kommentare zu einzelnen Bibelbüchern auswählt und nach Bedarf anschafft, baut man sich eine bessere Sammlung auf. D. A. Carson hat eine sehr hilfreiche Bibliografie zusammengestellt, die unter dem Titel »The New Testament Commentary Survey« erschienen ist. Ein entsprechendes Buch zum Alten Testament gibt es von Tremper Longman III: »Old Testament Commentary Survey«. Ich empfehle diese Bücher als Orientierungshilfen für die Auswahl einzelner Kommentare. In den Katalogen und Onlineshops von bibeltreuen Verlagen und Buchhandlungen wie z. B. dem Herausgeber dieses Buches findet man in der entsprechenden Rubrik ebenfalls Zusammenstellungen ausgewählter deutschsprachiger Kommentare.

Konkordanzen, Bibellexika und Atlanten

Jede »Werkzeugkiste« fürs Bibelstudium sollte mindestens eine gute Konkordanz, ein gutes Bibellexikon und einen guten Bibelatlas enthalten. Hervorragende, umfassende englischsprachige Konkordanzen sind »Young's Analytical Concordance« und »Strong's Exhaustive Concordance«.

Konkordanzen wurde in neuerer Zeit allerdings weitgehend durch computerbasierte Bibelsoftware ersetzt. Mithilfe der Suchfunktion dieser Programme lässt sich das Vorkommen bestimmter Wörter, Wortteile und Wortkombinationen in der Bibel – und sogar im Grundtext – wesentlich besser, umfassender und komfortabler ermitteln. Für diese Bibelsoftware wurde unten ein gesonderter Abschnitt eingefügt. An umfassenden gedruckten Konkordanzen sind derzeit die »Große Konkordanz zur Luther-Bibel« und die »Konkordanz zur Schlachter Bibel« erhältlich, sowie einige Kurz- und Themen- und Begriffskonkordanzen.

Gute Bibellexika sind auf dem deutschsprachigen Buchmarkt derzeit leider Mangelware. Verfügbar ist eine erweiterte Neuausgabe des »Lexikon zur Bibel« von Fritz Rienecker. Eine baldige Neuauflage ist zu erhoffen von »Das große Bibellexikon«, herausgegeben von Helmut Burkhardt, ein sehr umfassendes und nützliches Werk. Kein Lexikon im eigentlichen Sinne, aber ein Nachschlagewerk der 102 wichtigsten biblischen Begriffe ist vom Autor dieses Buches, Robert Charles Sproul, »Glauben von A-Z. 102 biblische Begriffe einfach erklärt«. An englischsprachigen Lexika empfiehlt der Autor: »Anchor Bible Dictionary« (6 Bde.), hrsg. von David Noel Freedman; »Holman Illustrated Bible Dictionary« von Trent C. Butler; »International Standard Bible Encyclopedia« (4 Bde.), hrsg. von Geoffrey W. Bromiley; »Nelson's New Illustrated Bible Dictionary« von Ronald F. Youngblood; »New Bible Dictionary« von D. R. W. Wood et al.; »Zondervan Pictorial Bible Encyclopedia« (5 Bde.) hrsg. von J. D. Douglas und Merrill C. Tenney.

Nützliche Bibelatlanten sind z. B. der »Atlas Bibel und Geschichte des Christentums« von Tim Dowley, »Der große Atlas zur Bibel« von Barry J. Beitzel und der kleine »Brunnen Bibelatlas« von Tim Dowley.

Wortstudien

Die Regel 5 für die Bibelauslegung (siehe Kap. 4, Seite 82ff) betont die Wichtigkeit der einzelnen Worte und ihrer genauen Bedeutung. Es gibt viele hervorragende Hilfsmittel, um die Bedeutung der in der Bibel verwendeten Wörter in den Ursprachen besser zu verstehen.

Aus dem deutschsprachigen Büchermarkt empfehlen wir:»Theologisches Begriffslexikon zum Neuen Testament«, hrsg. von Lothar Coenen (auch auf CD erhältlich),»Wörterbuch zum Neuen Testament« von Walter Bauer und Kurt Aland,»Kleines Wörterbuch zum Neuen Testament« von Rudolf Kassühlke,»Neuer sprachlicher Schlüssel zum griechischen NT« von Wilfried Haubeck und Heinrich von Siebenthal,»Wörterbuch mit Konkordanzteil zum Neuen Testament« von Christian Briem. Der Autor empfiehlt:»Theologisches Wörterbuch zum Neuen Testament« (10 Bde.) hrsg. von Gerhard Kittel.»Vine's Expository Dictionary of Old and New Testament Words« von W. E. Vine, hrsg. von M. Unger and W. White Jr.,»The Complete Word Study Dictionary of the New Testament« von Spiros Zodhiates,»New International Dictionary of New Testament Theology« (4 Bde.), hrsg. von Colin Brown,»New International Dictionary of Old Testament Theology« (5 Bde.), hrsg. von William A. Van Gemeren,»Theological Wordbook of the Old Testament« (2 Bde.), hrsg. von Gleason Archer, R. L. Harris und Bruce Waltke.

Die Bibel in Fremdsprachen

Wenn man eine oder mehrere Fremdsprachen beherrscht, kann das auch beim Bibelstudium nützlich sein. Die Bibel in einer fremden Sprache zu lesen, kann helfen, gewisse Bedeutungsnuancen besser zu begreifen. Idiomatische Wiedergaben sind besonders hilfreich. Viele von uns verfügen zumindest über Grundkenntnisse in Latein. Es ist überraschend, wie selbst oberflächliche Lateinkenntnisse im Bibelstudium nützlich sein können. Die lateinische Übersetzung der Bibel ist sehr exakt. Man erkennt nicht nur die Beziehung zwischen dem griechischen und dem lateinischen Text, sondern auch lateinische Wortstämme, die sich in unseren Sprachen wiederfinden.

Was ist mit Griechisch und Hebräisch?

Wir neigen dazu, vor alten Sprachen zurückzuschrecken, besonders vor Griechisch und Hebräisch. Ein wesentlicher Angstfaktor ist die seltsame Schrift dieser Sprachen. Da uns die hebräischen und griechischen Buchstaben unbekannt sind, kommt es uns auf den ersten Blick wie »Hieroglyphen« vor. Und doch lassen sich relativ einfach gute Kenntnisse dieser Sprachen erwerben, was unser Bibelstudium sehr bereichern kann.

Nehmen wir einmal Griechisch als Beispiel dafür, wie sehr sich unsere Möglichkeiten beim Bibelstudium dadurch erweitern. Dabei muss man bedenken, dass man eine Sprache nicht fließend sprechen können muss, um sie für eine bestimmte Aufgabe zu gebrauchen. Wir wollen nur die Fähigkeit erwerben, Zugang zu einem einzigen Buch zu haben. Wir wollen nicht die gesamte griechische Literatur analysieren. Dadurch wird unsere Aufgabe schon sehr vereinfacht und es gibt viele Werkzeuge, die das Unterfangen noch einfacher gestalten. Diese Werkzeuge sind:

1.) Eine Interlinear-Übersetzung. Sie bietet den griechischen Text des Neuen Testamentes und in der Zeile darunter Wort für Wort exakt zugeordnet die deutschen Übersetzung. Dadurch kann der Leser auf den ersten Blick bei einem deutschen Wort sehen, welches griechische Wort im Grundtext steht.

2.) Häufigkeitslisten. Bruce Metzger hat denen, die neutestamentliches Griechisch lernen, eine große Hilfe erstellt. Metzgers kleines Buch »Lexical Aids to New Tetament Greek« listet alle griechischen Wörter auf, die zehn Mal oder öfter im Neuen Testament vorkommen, etwa 1000 Wörter insgesamt. Wenn ein Student also nur wenige Wochen fleißig lernt, kann er leicht diese Liste beherrschen und eine hervorragende Kenntnis des neutestamentlichen Griechischvokabulars erlangen. Dieses Werkzeug vermindert die Mühe beim Vokabellernen und ist eine lohnende Anschaffung. Ein ähnlich hilfreiches Buch ist das »Griechisch-deutsche Taschenwörterbuch zum Neuen Testament« von Erwin Preuschen. Es führt ebenfalls nur all jene Vokabeln an, die mindestens zehn Mal im NT vorkommen.

3.) Griechische Grammatiken. Es gibt eine ganze Anzahl guter griechischer Grammatikbücher, die man erwerben und sehr gut verwenden kann. Es gibt z. b. auch Lehrbücher zum Selberlernen wie »Bibelgriechisch leichtgemacht« von Werner Stoy, Klaus Haag und Wilfried Haubeck oder den »Griechischen Lehrgang zum Neuen Testament« von Reto Schoch.

4.) Griechischwörterbücher. Wörterbücher für neutestamentliches Griechisch können von jedem verwendet werden, der die griechische Schrift lesen kann. Ein flüssiges Lesen griechischer Buchstaben lässt sich innerhalb weniger Stunden erlernen und dieser kleine Aufwand lohnt sich. Wenn man das Alphabet kann, lässt sich ein ganz neues Spektrum von Werkzeugen nutzen, zum Beispiel griechische Wörterbücher, wie sie oben unter »Wortstudien« bereits angeführt wurden.

5.) Sonstiges. Andere Sprachwerkzeuge sind analytische Konkordanzen und Themenkonkordanzen auf Grundlage des griechischen Textes und andere Hilfsmittel.

Entsprechende Hilfen und Werkzeuge sind auch für biblisches Hebräisch erhältlich, z. B. die Häufigkeitsliste »The Vocabulary Guide to Biblical Hebrew« von Miles V. Van Pelt und Gary D. Pratico, das »Hebrew and English Lexicon of the Old Testament« von Brown, Driver und Briggs und der hebräische Grundtext »Biblia Hebraica Stuttgartensia«.

Gut sortierte bibeltreue (Versand-) Buchhandlungen haben eine spezielle Rubrik »Griechisch und Hebräisch«, wo man bei der Suche nach solchen Hilfen fündig wird.

Je besser man mit diesen Werkzeugen umgehen kann, desto bereichernder werden sie. Es ist ein schlimmes Gerücht, dass solche Werkzeuge sich nur für Theologen eignen würden. Experten können sie vielleicht etwas geschickter anwenden, aber sie sind auch für den Laien sehr nützlich. Man muss kein professioneller Zimmermann sein, um zu wissen, wie man mit einem Hammer umgeht.

Bibelsoftware

Als ich die Erstausgabe dieses Buches schrieb (in den 1970er Jahren), wurden Computer noch nicht von Privatleuten eingesetzt. Heute verfügt fast jeder Haushalt über einen PC. Dadurch lassen sich Ressourcen für das Bibelstudium wesentlich effektiver nutzen. Viele der oben vorgestellten Materialien sind auch in digitaler Fassung für den PC verfügbar, z. b. verschiedene Übersetzungen einschließlich des hebräischen und griechischen Grundtextes samt Worterklärungen, Kommentare, Bibellexika, Bibelatlanten und Wörterbücher.

Die üblichen Bibelprogramme bieten die Möglichkeit, unterschiedliche Bibelübersetzungen zu vergleichen und nach Wörtern, Wortteilen und Wortkombinationen zu durchsuchen, eigene Notizen und Anmerkungen zu den Versen zu verfassen und abzuspeichern und Zusatzinformationen wie Parallelstellen oder Worterklärungen und Kommentare anzeigen zu lassen.

Als wohl herausragendste Entwicklung ist hier das Programm Libronix von der US-amerikanischen Firma Logos zu nennen. Es wird auf Deutsch unter dem Namen »Stuttgarter Elektronische Studienbibel« (SESB) von der Deutschen Bibelgesellschaft herausgegeben. Libronix ist einerseits eine Bibelstudiensoftware mit allen erdenklichen Leistungsmerkmalen bis hin zur tiefgründigen Analyse der Grammatik des Grundtextes. Andererseits ist Libronix eine Rahmensoftware zum Aufbau einer eigenen digitalen Bibliothek. Alle Bücher, die im Libronix-Format angeboten werden, können integriert und z. B. in die Such- und Verweisstellenfunktion einbezogen werden. Wählt man z. B. einen Bibelvers aus, können mit nur einem Mausklick alle Bezugnahmen auf diesen Vers aus allen in der digitalen Sammlung gespeicherten Büchern angezeigt werden.

Weitere Bibelprogramme: das »elektronische Schwert« e-sword, kostenlos unter www.e-sword.net (englischsprachig, hat aber auch deutsche Bibelausgaben und viel Zusatzmaterial wie Kommentare usw.), preiswerte digitale Sonderausgaben der Elberfelder Bibel, z. B. »Die Bibel 2009« und das Programm BibleWorkshop, zu dem zahlreiche Module und Erweiterungen verfügbar sind, und das 2011 neu erschienene und mittlerweile sehr beliebte Programm CLeVer.

Bibelleseplan für Einsteiger

Unter Christen werden jedes Neujahr unzählige Vorsätze gefasst, die Bibel zu studieren, und doch später wieder gebrochen. Der Vorsatz, die Bibel einmal komplett durchzulesen, ist sehr beliebt und wird doch selten verwirklicht. Die meisten Christen haben zwar das Neue Testament gelesen, aber nur wenige das ganze Alte Testament.

Warum sind Christen so nachlässig im Bibelstudium? Liegt es lediglich an mangelnder Disziplin oder Hingabe? Das mag Teil des Problems sein und führt unter Christen zu vielen Schuldgefühlen, weil man das, was man tun sollte, unterlässt. Ich denke aber, dass es mehr ein Problem der Methode als der Disziplin ist.

Man beginnt seine Bibellektüre mit fester Entschlossenheit und liest gewissenhaft das 1. Buch Mose. Dieses Buch liefert wichtige Informationen über die Grundlage der Heilsgeschichte und führt flüssig durch die historischen Erzählungen der Patriarchen. So weit so gut. Das 2. Buch Mose ist voller Dramatik: die Heldentaten Moses und die Befeiung des Volkes Israel aus der Tyrannei der Ägypter werden geschildert. Dann folgt das 3. Buch Mose. Hier schwindet langsam die Antriebskraft der meisten interessierten Leser. Wer sich durch 3. Mose noch hindurchgearbeitet hat, gibt hier auf. Ein paar Hartgesottene schaffen es auch durch 5. Mose, und nur Ausdauerwunder kommen durch das gesamte Alte Testament.

Tatsächlich habe ich die Erfahrung gemacht, dass die meisten von denen, die die ersten fünf Bücher des Alten Testamentes komplett gelesen haben, es auch durch die ganze Bibel schaffen. Viele geben diesen Plan auf, weil sie in 3. oder 4. Mose stecken bleiben. Der Grund ist klar. Diese beiden Bücher beschäftigen sich detailliert mit den Ordnungen des Volkes Israel und enthalten sehr viele Gesetze. Vieles davon ist uns fremd und erschwert das Lesen.

Und doch sind die Informationen in diesen Büchern ausgesprochen wichtig für das Gesamtverständnis der Heilsgeschichte. Ein korrektes Verständnis des Neuen Testamentes ist abhängig vom Verständnis dieser Bücher. Sobald jemand ein all-

gemeines Verständnis der ganzen Schrift hat, findet er 3. und
4. Mose häufig sogar faszinierend und interessant. Aber ohne
dieses Verständnis kommen ihm die vielen Details recht zusam-
menhanglos vor.

Um die Probleme zu umgehen, an denen so viele beim Lesen
der Bibel scheitern, schlage ich einen alternativen Weg zu unserem
Ziel vor. Lies die Bücher der Bibel in der folgenden Reihenfolge:

1. Mose	(Schöpfung, Sündenfall und Bündnisse mit den Erzvätern)
2. Mose	(Befreiung Israels und Etablierung als Volk Gottes)
Josua	(Eroberung des Gelobten Landes)
Richter	(Der Stammesverbund und sein Niedergang)
1. Samuel	(Die aufkommende Monarchie unter Samuel, Saul und David)
2. Samuel	(Die Herrschaft Davids)
1. Könige	(Salomo, der Tempel und die Teilung des Reiches)
2. Könige	(Der Niedergang Israels und das Aufkommen der Propheten)
Esra	(Die Rückkehr aus dem babylonischen Exil)
Nehemia	(Der Wiederaufbau Jerusalems)

Lies danach:

Amos und Hosea	(Beispiele für kleine Propheten)
Jeremia	(Beispiel für einen großen Propheten)
Hohelied und Prediger	(Beispiel für Weisheitsliteratur)
Psalmen und Sprüche	(Beispiel für hebräische Dichtung)

Diese Liste verschafft einen Überblick über das Alte Testament
und bietet ein Grundgerüst, um es zu begreifen. Es ist das Skelett,
zu dem das Fleisch und die Sehnen durch andere Bücher hinzugefügt werden können, sobald man sich auch ein entsprechendes
Skelett des Neuen Testamentes angeeignet hat. Hier die Liste für
das Neue Testament:

Lukasevangelium	(Leben und Lehre Jesu)
Apostelgeschichte	(Geschichte der Frühkirche)
Epheser	(Einführung in die Lehre des Paulus)
1. Korinther	(Lehre vom Gemeindeleben)
1. Petrus	(Einführung in die Lehre des Petrus)
1. Timotheus	(Einführung in die Pastoralbriefe)
Römer	(Theologie des Paulus)
Hebräer	(Christologie)

Genau wie die Liste des Alten Testamentes vermittelt diese Lektüre eine grundlegende Kenntnis der wichtigsten Teile des Neuen Testamentes. Wenn man das einmal erreicht hat, kann man zurückgehen und das Grundgerüst füllen.

Es ist wichtig, etwas von der Dynamik der Selbstdisziplin zu verstehen. Sie ist leichter zu erlangen, wenn man sich zunächst von jemand anderen »disziplinieren« lässt. Um dieses Einführungsprogramm durchzuführen, wäre es ratsam, jemanden zu bitten, einem bei dem Leseprogramm zu betreuen und zu begleiten. Es wäre auch hilfreich, an einer Bibellesegruppe in der Gemeinde teilzunehmen.

Als Anleitung zu einer einer Studiermethode steht auf unserer Internetseite www.betanien.de im Bereich »Material« der Kurs »25 Schritte zum Bibelstudium« frei zur Verfügung.

Schluss

Wir leben in einer nachchristlichen Zeit. Der Einfluss des christlichen Glaubens ist in unserer Kultur größtenteils weggespült. Das bedeutet, dass der Einfluss der Christen zu schwach war. Ich denke, dass ein wesentlicher Schlüssel zur Erneuerung der Gemeinde in der Erwachsenenbildung liegt. Mein Traum ist eine Vielzahl klar auftretender und sachkundiger Christen, die einen gewaltigen Einfluss auf die Gesellschaft haben. Dieser Traum kann nur dann in Erfüllung gehen, wenn wir die Werkzeuge für intelligentes Bibelstudium kennen und nutzen. Ich hoffe, dass dieses Buch als ein Werkzeug dazu dient, zu diesem Ziel zu ermutigen.

Fragen zur Lernkontrolle und Vertiefung

Kapitel 1: Bibelstudium – warum?

a. Nenne die zwei wichtigsten Ausreden (»Mythen«), die üblicherweise gegen das Studieren der Bibel vorgebracht werden. Wie würdest du antworten?

b. Erkläre, was die Reformatoren mit *claritas scripturae* meinten.

c. Was ist der eigentliche Grund, weshalb die Bibel so wenig studiert wird?

d. Was lernen wir aus 5. Mose 6,4-5 und 2. Timotheus 3,14-17 über das Bibelstudium?

e. Was bedeutet im griechischen Grundtext von 2. Timotheus 3,15 das Wort für »eingegeben«?

f. Würdest du der Aussage zustimmen: »Jeder Christ ist ein Theologe«? Erkläre.

g. Was bedeutet es, dass die Bibel eine Offenbarung ist?

h. Warum ist, um im guten Sinne »praktisch« zu sein, Theorie wichtig?

i. Wie würdest du einen »Gefühlschrist« beschreiben? Was würdest du ihm raten?

j. Warum ist Bibelkenntnis so wichtig für wahres Glück?

Kapitel 2: Persönliches und selbständiges Bibelstudium

a. Erzähle nach, wie die persönliche Bibelauslegung auf die Reformation zurückgeht und wie die römisch-katholische Kirche sich dazu äußerte.

b. Was ist der Unterschied zwischen persönlicher und willkürlicher Auslegung?

c. Warum haben gelehrte (bibeltreue!) Theologen eine wichtige Aufgabe, wenngleich die Bibel auch von Nichttheologen persönlich studiert und ausgelegt werden soll?

d. Erläutere die Gefahr des Subjektivismus (im Gegensatz zur Subjektivität) bei der Bibelauslegung.

e. Was heißt Exegese und was Eisegese?

f. Erkläre die Wichtigkeit und Qualifikation des »Lehrers« in der Gemeinde.

Kapitel 3: Hermeneutik: die Lehre von der Auslegung

a. Was bedeutet der Begriff Hermeneutik?

b. Was heißt *analogia fidei* und was besagt diese grundlegende Regel?

c. Wie nannte Luther die wörtliche Auslegung der Schrift?

d. Wie würdest du »wörtliche Schriftauslegung« kurz definieren?

e. Nenne Beispiele für die Wichtigkeit der literarischen Analyse.

f. Nenne Beispiele für biblische Hyperbeln.

g. Nenne Beispiele für tatsächliche Personifzierungen in der Schrift und Beispiele dafür, wo manche Ausleger zu Unrecht von Personifizierung sprechen.

h. Welche Gründe sprechen dafür, dass der Schöpfungsbericht über reale historische Ereignisse berichtet? Gibt dieser Bibeltext Anlass, ihn symbolisch zu verstehen?

i. Warum ist es wichtig, bei der Auslegung Metaphern richtig zu erkennen?

j. Was hielt Luther von der »Quadriga«, dem vierfachen Schriftsinn?

k. Wie viele Bedeutungen und wie viele Anwendungen kann eine Schriftstelle haben?

l. Nenne Beispiele für die Wichtigkeit der grammatischen Analyse einer Schriftstelle.

m. Worum geht es bei der historischen Analyse eines Bibelbuches?

n. Warum kann die Kenntnis von Abfassungsort und -zeit hilfreich sein für die Auslegung eines Bibelbuches?

o. Welche Bedeutung haben die so genannten *hapax legomena*, um den Autor eines Bibelbuches zu identifizieren?

p. Merke: Die drei Grundprinzipien der Schriftauslegung, die in diesem Kapitel dargelegt wurden, sind die analogia _____, der Literal_____ und die grammatisch-_____ Auslegungsmethode.

Kapitel 4: Praktische Regeln für die Bibelauslegung

a. Welche Bedeutung hat das Gebet für das Bibelstudium und was sollte man nicht davon erwarten?

b. Was ist von der Methode der »Glückslosungen« zu halten?

c. Was ist damit gemeint, die Bibel »existentiell« zu lesen?

d. Wie würdest du jemanden antworten, der die Autorität der apostolischen Briefe abstreitet oder herabsetzt?

e. Welche drei Probleme kann es mit sich bringen, wenn man Jesus einfach eins-zu-eins nachzuahmen versucht?

f. Warum ist es problematisch, aus erzählenden Bibeltexten Lehren abzuleiten?

g. Nenne Beispiele für phänomenologische Ausdrucksweisen in der Schrift.

h. Warum ist es wichtig, Erzähltexte im Lichte dogmatischer Schriftaussagen zu interpretieren?

i. Nenne ein Beispiel für unberechtigtes Herleiten einer Lehraussage, die angeblich implizit in einer Schriftstelle enthalten sei.

j. Lies Apg 17,30 und Apg 11,18; Phil 2,13; 2Tim 2,25: Welche voreilige Implikation aus dem ersteren Vers wird durch die ausdrückliche Lehre der anderen Verse als falsch erwiesen?

k. Wie bzw. mit welchen Mitteln lässt sich die Bedeutung eines biblischen Wortes möglichst präzise ermitteln?

l. Überlege, welche Bedeutungen das Wort »Welt« in der Bibel haben kann und bestimme die Bedeutung von »Welt« in Joh 3,16; 7,7; 14,7; 17,5.9; Apg 17,24; Röm 11,15; 1Kor 7,33 anhand der Regel *analogia fidei* und des jeweiligen Zusammenhangs.

m. Finde weitere Beispiele für biblische Begriffe, die eine ganze Lehre repräsentieren, aber nicht überall in der Schrift diese Bedeutung haben.

n. Welche Arten von Parallelismus gibt es im Hebräischen? Nenne Beispiele.

o. Warum kann das Erkennen von Parallelismen hilfreich für das Verstehen einer Schriftstelle sein?

p. Erkläre den Unterschied zwischen Gebot und Sprichwort.

q. Welche zwei Arten von Geboten gibt es?

r. Was ist die Kernaussage in Jesu Erklärung zu den Geboten über Mord und Ehebruch in Matthäus 5,21-28?

s. Warum ist das Interpretieren von Gleichnissen gar nicht so einfach wie viele meinen?

t. Welche Faustregel ist hilfreich, um ein Gleichnis bei der Auslegung nicht mit Fehldeutungen zu überfrachten?

u. Lies Lk 3,4-5; Mt 8,17; Joh 19,24; Gal 4,26-27 und ordne ein: Deutet das Neue Testament alttestamentliche Prophezeiungen hier wörtlich, bildlich oder sowohl als auch?

v. Mit welcher Methode sollte man die Bilder der apokalyptischen Bibeltexte deuten?

w. Lerne die zehn in diesem Kapitel angeführten Regeln auswendig.

Kapitel 5: Bibel und Kultur

a. Warum ist es sinnvoll, die kulturelle Kluft zwischen Bibel und uns zu bedenken?

b. Finde Beispiele dafür, wie unser heutiges Denken unser Verständnis der Bibel beeinflusst.

c. Welche Kulturgüter sind in der Bibel veränderlich und können kulturell angepasst werden?

d. Änderungen von Gepflogenheiten in der Bibel können nicht nur kulturell bedingt sein, sondern auch heils_____

e. Warum ist die Ehe kein veränderbares Kulturgut?

f. Hatten die Christen zu apostolischer Zeit eher ein angepasstes oder eher ein konfrontatives Verhältnis zu ihrer umgebenden Kultur? Welche Bedeutung hat das für die Schriftauslegung?

g. Was kann man womöglich übersehen, wenn man übereifrig kulturelle Argumente an den Bibeltext heranträgt?

h. Welche biblischen Prinzipien sind absolut unveränderlich?

i. Erkläre das Prinzip der Demut als letzte Regel der Auslegung.

Kapitel 6 – Hilfsmittel fürs Bibelstudium

a. Erstelle eine nach Priorität geordnete Liste, welche Hilfsmittel du einem Einsteiger ins Bibelstudium anzuschaffen empfehlen würdest, einschließlich der geeignetsten Bibelausgaben. Begründe deine Auswahl.

b. Welche Gefahr besteht, wenn man beim Bibelstudium keinen Kommentar zu Rate zieht?

c. Welchen Nutzen hat das Verwenden von mehreren, auch fremdsprachigen Bibelübersetzungen für das Bibelstudium?

d. Erkläre die Vorteile, die das Erlernen von Griechisch und Hebräisch für das Bibelstudium hat.

e. Wenn du die angegebenen Bibelbücher aus dem »Bibelleseplan für Einsteiger« liest: Fertige zu jedem Bibelbuch eine einprägsame Gliederung an und lerne Sie auswendig. Du kannst die vorgegebenen Gliederungen verwenden, die in den Einleitungen von Kommentaren zu finden sind. Versuche aber auch, völlig selbstständig eine solche Gliederung zu erarbeiten.

Buchempfehlung

Kevin DeYoung
Leg einfach los!
Ein befreiender Weg, Gottes Willen zu entdecken

Oder: Wie man Entscheidungen trifft ohne Träume, Visionen, Wollvließ, Eindrücke, offene Türen, zufällige Bibelverse, Lose werfen, Gänsehautmomente, Schriftzüge am Himmel etc.

Paperback, 129 Seiten
ISBN 978-3-945716-25-0
8,90 Euro

Zu oft tun Christen sich schwer, sich für einen Job, einen Partner oder eine Gemeinde oder für überhaupt irgendetwas zu entscheiden. Sie sorgen sich krampfhaft, dass sie nicht Gottes perfekten Willen für ihr Leben gefunden haben. Viele fallen in Passivität und Frustration, weil sie Gottes Willen suchen, aber nicht finden. Dabei hat die Bibel eine klare Lösung für dieses Problem: Gott hat seinen Plan für unser Leben bereits offenbart!

Kevin DeYoung verdeutlicht diese biblische Lösung auf erfrischende und sehr lebensnahe Weise. Besonders für junge Leute – die ja vor den wichtigsten Entscheidungen ihres Lebens stehen – ist dieses Buch eine große Hilfe, um befreit und aktiv zur Ehre Gottes leben zu können.

»In weiten Teil des Christentums grassiert ein falsches Verständnis des Willens Gottes. Die Gemeinde braucht dringend Korrektur von diesen irrigen Vorstellungen. Erfreulicherweise bietet Kevin DeYoung diese Korrektur.«

Albert Mohler,
Präsident des Southern Baptist Theological Seminary

Weitere Bücher vom Betanien Verlag

Nigel Beynon & Andrew Sach
Tiefer graben
Werkzeuge, um den Schatz der Bibel zu heben
Paperback · 176 Seiten · ISBN 978-3-945716-49-6 · 12,90 Euro
Wie gehe ich beim Bibelstudium praktisch vor? Die Autoren präsen-
tieren 16 Werkzeuge, mit welchen Fragen und Methoden wir an ei-
nen Bibeltext herangehen können, um davon geistlich zu profitieren.

Philipp E. Johnson
Der Triumph des Lammes
Ein Kommentar zum Buch der Offenbarung
Gebunden · 478 Seiten · ISBN 978-3-935558-30-3 · 15,90 Euro
Johnson erklärt die Bildersprache der Offb. mit gesunder Ausle-
gung vom AT her. Der geistliche Krieg hinter den Kulissen wird ein-
leuchtend und Prophetie praktisch und ermutigend nahe gebracht.

Tony Reinke
Wie dein Smartphone dich verändert
12 Dinge, die Christen alarmieren sollten
Paperback · 254 Seiten · ISBN 978-3-945716-28-1 · 14,90 Euro
Wie verändern wir uns, wenn wir all den Möglichkeiten des Smart-
phones nachgehen? Werden wir süchtig nach Ablenkung und nach
Eitelkeiten, und verkümmert unsere Beziehung zu Gott? Wie kön-
nen wir mit dem Handy so umgehen, dass unser Leben Gott ehrt?

Michael Lawrence
Biblische Theologie für die Gemeinde
Ein Leitfaden für die Anwendung von Gottes Offenbarung
Paperback · 276 Seiten · ISBN 978-3-935558-45-7 · nur 7,90 Euro
Um die Bibel richtig zu verstehen, müssen wir sie als Ganzes stu-
dieren, wie Gott sie gegeben hat: als fortlaufende Geschichte seines
Heilswerkes, gipfelnd in Christus. Dieses Buch verfolgt die roten Fä-
den und leitet daraus gesunde Lehre, Verkündigung und Praxis her.

Donald A. Carson
Stolpersteine der Schriftauslegung
Wie man sorgfältig und korrekt mit der Bibel umgeht
Paperback · 158 Seiten · ISBN 978-3-935558-79-2 · 7,90 Euro
Wenn man mit vorgefassten Meinungen oder falschen Methoden an
die Bibel herangeht, sind Fehlschlüsse vorprogrammiert. Äußerst
hilfreich und erhellend – ein Muss für jeden Bibelleser.